LES PETITS SECRETS COUTURE
de Laisse Luciefer

Tout sur le PATCHWORK

LUCIE FEREZ
alias Laisse Luciefer

CreaPassions.com

Dans la même collection :

Abonnez-vous gratuitement à notre newsletter sur **creapassions.com** !

Téléchargez notre catalogue complet en scannant le QR code.

Suivez-nous sur Facebook et Instagram.

Édition : Emmanuelle Prot
Tél. : 06 14 19 44 21 / Email : eprot@creapassions.com
Graphisme / Couverture : Xavier Crauffon

Maquette : **© V Publications**

Des sociétés du groupe V PUBLICATIONS

IBSN : 978-2-8141-0528-7
Dépôt légal : Mars 2019
Imprimé en U.E.

MALO

SOMMAIRE

J'ai écrit ce livre de manière chronologique. Les chapitres s'enchainent, dans l'ordre de montage d'un ouvrage quilté. De page en page, vous approfondirez vos connaissances et avancerez étape par étape. N'attaquez donc pas une section avant d'avoir lu la précédente, vous perdriez le fil.

La seconde partie du livre est dédiée aux projets didactiques afin de découvrir différentes applications du patchwork et d'autres techniques d'assemblage.

INTRODUCTION

« Ça sent la naphtaline ce bouquin ». Bon je vous l'accorde, le patchwork se traîne une réputation pas glam pour 2 sous.

Que nenni ! Je vous le dis tout haut, le patchwork n'est pas ringard. Alors oui, on a tous dans un coin de la tête le plaid de mémé, d'un beau marron/beige fade, assorti aux menuiseries, look « Petite maison dans la prairie ». Non, désormais le « patch » (pour les intimes) rime avec couleur, pep's, fantaisie et modernité.

Pour une naissance ou juste pour faire plaisir, le plaid est le cadeau couture le plus durable et utile que vous pourrez coudre. De plus, tel une potion magique, il mêle amour, souvenir, tendresse et implication. Voui voui voui, le patchwork c'est tout ça aussi.

Avant d'aller plus loin dans la découverte de ce vaste sujet, je vous propose de faire un peu connaissance. Je m'appelle Lucie (alias Laisse Luciefer), j'ai 35 ans, je suis mariée et maman de jumeaux de 6 ans. Passionnée de couture depuis la naissance de mes enfants, je n'ai de cesse de créer, inventer et coudre à tout va. J'adore la couture dans tous ses domaines et prends autant de plaisir à coudre des accessoires que des vêtements. Pour partager cette passion dévorante, j'ai créé un blog dans lequel j'y partage mes coups de cœur, coups de gueule, essais plus ou moins fructueux, bons plans... Si l'envie vous dit, il est ici : http://laisseluciefer.blogspot.fr. J'ai écrit un livre l'année dernière pour aborder la couture à travers des projets familiaux et variés et dans la foulée, j'ai repris la plume pour le tome que vous tenez en mains.

Dès mes débuts « couturesques », les plaids à travers le patchwork ont eu une place toute particulière. Je ne saurais l'expliquer, ce plaisir de faire plaisir, ou tout simplement l'habitude de se lover le soir dans un océan de douceur et de chaleur. Mes enfants possèdent à ce jour 3 plaids chacun, j'en ai moi-même 2 et c'est le cadeau traditionnel que j'offre à chaque naissance. Mais le patchwork ne se résume pas qu'aux couvertures ou couvre-lits. Ce livre vous accompagnera dans la réalisation d'accessoires, de vêtements et abordera l'univers du recyclage. Chaque projet vous permet de découvrir une nouvelle technique de patchwork en l'appliquant à des projets variés.

Le patchwork et le quilt sont des domaines de la couture extrêmement vastes, techniques et artistiques. Je n'ai pas la prétention de tout connaître mais j'en sais assez pour vous donner des clefs. Dans ce livre, vous allez acquérir des bases solides et un éventail de techniques qui vous permettront de vous faire plaisir sans être limité. Après la lecture, vous aurez sans doute un camembert de plus au Trivial Pursuit et vous pourrez crâner en cours couture car « non mesdames, sachez que quilt et patchwork, ce n'est pas la même chose ».

LES MUFFINS QUI *déchirent*

Comme il n'est pas déplaisant de coudre en grignotant et que la pâtisserie est une autre de mes passions, je vous présente ma recette de muffins chocolat blanc/framboise. Un moment réconfortant plein de gourmandise, de fondant et de moelleux.

Pour 14 muffins

- 220 g de farine
- 1/2 sachet de levure chimique
- 2 œufs entiers à température ambiante
- 80 g de beurre doux ramolli
- 80 g de sucre blanc ou de canne
- 1 yaourt nature (ou 120 g de fromage blanc, crème fraiche, lait...)
- 100 g de crème fraiche (liquide ou épaisse, entière ou 1/2 écrémée)
- 100 g framboises entières surgelées (ou fraiches)
- 100 g chocolat blanc

Préparation :

- Préchauffez le four à 180°C.
- Disposez des caissettes en papier dans un moule à muffins en silicone ou métal.
- Coupez grossièrement le chocolat blanc (je coupe les carrés de la tablette en deux).
- Dans un premier saladier, mélangez le beurre mou avec les œufs puis ajoutez le yaourt et la crème fraiche.
- Dans un second saladier, mélangez les ingrédients secs (farine, levure, sucre, chocolat). Ajoutez les framboises (sans les décongeler).
- Versez les ingrédients secs dans le premier saladier et mélangez le plus succinctement possible à la maryse. S'il reste des grumeaux, ce n'est pas grave.
- Remplissez les caissettes au 2/3.
- Enfournez pour 20 min environ. Les muffins doivent être gonflés et légèrement dorés.

Variantes :

- 100% fruits rouges
- Gousse de vanille et gros morceaux de chocolat noir
- Cœur coulant à la pâte à tartiner

LE JARGON DE LA COUTURE

Le quilt, bien qu'étant un domaine de la couture, possède son propre vocabulaire. Originaire de Mésopotamie, cet art a pris ses lettres de noblesse aux États-Unis avec l'arrivée des pionniers. De nombreux termes sont donc américains d'où une familiarisation un peu moins triviale qu'à l'ordinaire.

Appliqué
Élément décoratif composé d'une forme découpée dans un tissu et cousu sur un second avec un point bourdon (zigzag très serré).
Dans le domaine du patchwork, les appliqués se fixent selon 2 méthodes qui sont expliquées dans le livre et permettent de donner vie à des scénettes ou des personnages plus ou moins détaillés.

Bai Jia Bei
Encore appelée « couverture des 100 vœux », la Bai Jia Bei est un cadeau de naissance traditionnel chinois (plus d'informations à la page 54).

Biais
Bande de tissu coupée dans le biais du tissu (d'où son nom) qui est ensuite pliée en 4. Il est utilisé pour les finitions afin de recouvrir les bords bruts d'un tissu. Il peut s'acheter tout fait ou se fabriquer.

Bloc
Assemblage (ou non) de différentes pièces de tissus pour constituer un élément de même forme et dimension. Le patchwork est le résultat de l'assemblage de plusieurs blocs.

Bord brut
Bord du tissu laissé à vif (qui s'effiloche).

Courtepointe
Type de couverture doublée, rembourrée par un coton ou duvet, piquée et brodée. Ce terme est parfois employé pour parler de patchwork quilté.

Cranter
Réaliser des crans sur le bord du tissu pour donner plus de souplesse à une couture courbe (encolure, col, emmanchure). Il suffit de couper le tissu régulièrement le long de la couture en s'arrêtant à un millimètre du fil de la couture (sinon gare au trou !).

Dégarnir les angles
Couper le surplus de tissu dans un angle pour éviter les surépaisseurs. L'angle sera plus net quand il sera retourné.

Dessous
Dans le domaine du quilting, le dessous est le tissu qui fera office de doublure. Souvent en coton uni pour mettre en valeur les motifs du quilting, il peut être aussi réalisé en tissu teddy, polaire ou fausse fourrure pour un usage plus cocooning.

Gabarit
Pièce de carton fin qui va servir de « pochoir » pour découper les morceaux de tissus.

Liberty (Of London)
Marque déposée qui désigne un tissu très léger aux petites impressions fleuries et fabriqué avec du coton de grande qualité appelé Tana Lawn. Les motifs se voient des 2 côtés du tissu. Son prix est justifié par la qualité du tissu qui

est incomparable de douceur et de souplesse. Utilisé en petite touche, il permet toutes les fantaisies sans vider le porte-monnaie.

Lisière, Laize, Droit Fil et Biais

- Laize : largeur fixe du tissu. Elle est variable d'un tissu à l'autre (110, 140, 150 cm, ...).
- Lisière : 2 bordures de 1 cm le long des 2 côtés de la laize du tissu. Elles sont parfois blanches, parfois de la couleur du tissu. Les lisières sont tissées de manière à ce que le tissu ne s'effiloche pas. Les créateurs les utilisent pour apposer leur marque et/ou les couleurs utilisées.
- Droit Fil : sens parallèle aux lisières. C'est dans ce sens que les pièces du patron doivent être coupées afin qu'elles ne se déforment pas. Le respect du droit-fil est primordial.
- Biais : ligne orientée à 45° par rapport au droit fil. Couper dans le biais donne de l'élasticité au tissu qui pourra alors mieux épouser les formes qu'on lui demande.

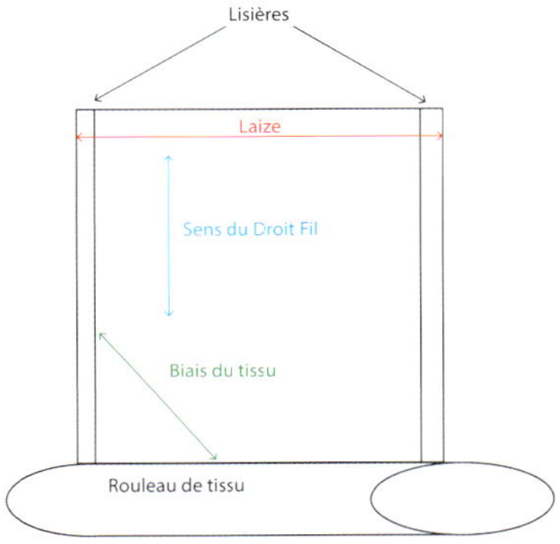

Remarque

Quand dans le livre je vous parle de 20 cm de tissu. Il s'agit donc de 20 cm de tissu sur sa laize. Par exemple, si la laize est de 150 cm, le vendeur va vous couper un morceau de 20 cm (en hauteur) sur 150 cm (en largeur).

Marges (ou valeurs) de couture

Marge entre la ligne de couture et le bord brut du tissu. Les marges sont donc le surplus de tissu qui reste après la couture. Dans le livre, j'utilise des **marges de 1 cm** sauf avis contraire (voir schéma page 49).

Molleton

Matière synthétique ou naturelle, vendue au mètre ou par coupon, insérée entre le top et le dessous d'un quilt pour apporter chaleur, gonflant et rendre possible et visible le matelassage.

Quilt

À prononcer « quouilt », assemblage de 3 tissus distincts appelés respectivement top, molleton et dessous à l'aide de surpiqûres formant un motif qui créé un effet matelassé.

Le mot « quilt » vient du latin « culcita » qui signifie « sac rembourré, matelas ou coussin ».

Quilting

Encore appelé matelassage. Il s'agit de l'action de surpiquer (à la main ou à la machine) les 3 épaisseurs du quilt pour former un motif et donner un relief à l'ouvrage.

Ouvrir une couture

Séparation des surplus d'une couture à l'aide du fer à repasser en les aplatissant de part et d'autre de celle-ci.

Passepoil

Bande de tissu coupée dans le biais, pliée en deux dans laquelle est insérée une cordelette maintenue par une couture. Il est utilisé pour souligner des coutures ou apporter de la couleur. Il s'achète tout fait en mercerie ou se fabrique facilement.

Patchwork

Assemblage de plusieurs tissus qui s'apparente à de la mosaïque. Le patchwork peut être par exemple le top d'un quilt. Le patchwork n'est donc pas un quilt et inversement.

Point d'arrêt

2-3 points avant, arrière puis avant au début et à la fin de chaque couture afin que cela ne se découse pas.

Sampler Patch

Patchwork composé de blocs de forme carrée tous différents.

Surpiquer
Faire une couture visible sur l'endroit du tissu pour renforcer, aplatir ou fixer un élément.

Tissu chaine et trame et stretch
Il existe 2 grands types de tissu : les chaînes et trames qui englobent tous les tissus non extensibles (cotonnade, popeline, viscose, crêpe...) et les tissus tissés qui sont élastiques (jersey, maille, molleton...).

Top
Dessus du quilt qui peut être un tissu simple ou un patchwork.

La boite à couture

Vous avez sans doute sous le coude des outils qui vous seront utiles. Néanmoins, le patchwork et le quilting nécessiteront sans doute quelques ajouts.

Aparté sur le fil

Pour moi, le fil est au cœur de la couture et je ne vous donnerai qu'un seul conseil à ce sujet : **choisissez de la qualité** ! On ne soupçonne pas l'impact que le fil peut avoir sur sa machine à coudre, sur la qualité et régularité des points. Utiliser un bon fil va accentuer le plaisir de coudre en diminuant le nombre de problèmes techniques. J'ai abimé une machine à coudre en utilisant du fil premier prix (la réparation m'a couté la bagatelle de 125 €).

Mais qu'est-ce que du bon fil ?

Un bon fil est composé de longues fibres, le plus lisse possible à l'œil et qui ne peluche pas. Vous ne vous tromperez pas en achetant des marques comme Gutterman, Mettler, DMC ou encore Madeira.

Astuce

De nombreuses bobines se démontent afin de trouver facilement l'extrémité du fil. Certaines marques comme Gutterman offre même un espace de rangement pour vos aiguilles.

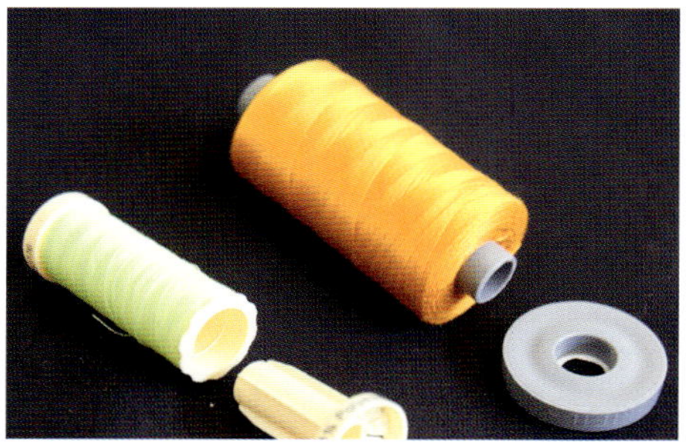

Aparté sur les aiguilles

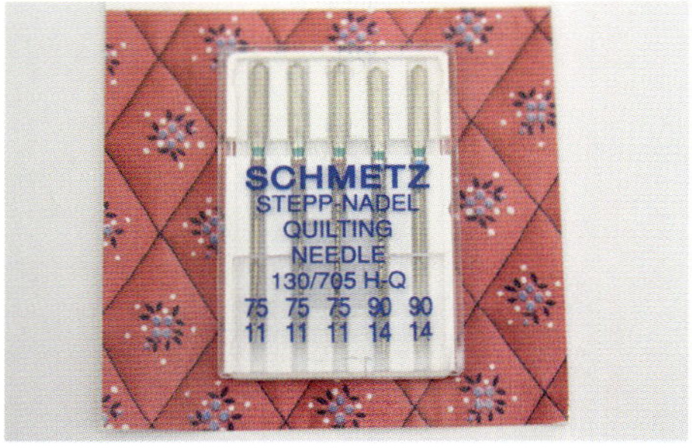

Une boite d'aiguilles machine comporte plusieurs références : la marque (ici Schmetz), le type d'aiguille (ici quilting needle ou aiguille à quilter) et une série de chiffres.
Les premiers chiffres (ici 130/705 H-Q) correspondent au talon de l'aiguille. Le talon est la partie haute de l'aiguille ayant un côté plat qui va être inséré dans la machine. Cette dimension est toujours la même pour les machines à coudre domestiques et varie sur les machines industrielles.

Les autres nombres (ici 75 (11) et 90 (14)) correspondent à la taille de l'aiguille dans la norme européenne (américaine).

Système américain	Système européen	
8	60	fine
9	65	↓
10	70	
11	75	
12	80	
13	85	
14	90	
14	100	
16	110	
18	120	
19	130	épaisse

Plus le chiffre est gros, plus l'aiguille est épaisse.

Astuce

Les aiguilles machine s'émoussent et peuvent apporter des problèmes durant la couture. N'oubliez pas de les changer régulièrement notamment quand vous avez des soucis sans en connaitre la cause.

LES INDISPENSABLES EN COUTURE

Machine à coudre

Votre meilleure copine est fatalement de la partie (plus d'informations à la page 14). Je travaille avec la Janome Skyline S5 que j'aime d'amour.

Canette

Les canettes sont propres à chaque type de machine, renseignez-vous pour avoir la bonne canette pour votre machine. Achetez-en plusieurs pour éviter le gaspillage de fil.

Aiguilles machine

Il vous faudra différents types d'aiguilles en fonction de l'usage. Pour la couture classique, j'utilise un assortiment d'aiguilles universelles de la marque Schmetz. La taille la plus polyvalente est la 80.

Aiguilles à coudre

Le patchwork vous demandera presque à chaque fois une petite partie de couture à la main. Plus ou moins selon les techniques employées. Choisissez un assortiment d'aiguilles à coudre universelles.

Papier Patron

Pour décalquer les pièces des projets et pouvoir ensuite les reporter sur le tissu. J'utilise de la bâche de protection en plastique recyclé, trouvée au rayon peinture de mon magasin de bricolage. Vendue en rouleau de 3 mètres, je choisis la bâche d'épaisseur moyenne (40 microns).

Crayons pour marquer les tissus

- Un crayon craie de marque Bohin ou Prym vendu avec des recharges fines colorées. Cette craie écrit correctement mais peut s'effacer au fur et à mesure des manipulations. Le linge humide viendra à bout des dernières traces.
- Les stylos type "friXion" dont l'encre disparaît avec la chaleur du fer. Néanmoins, ils ont 2 inconvénients :
  - L'encre est toujours présente (mais non visible) et peut réapparaître en cas de température très basse. Si vous ne vivez pas dans un igloo, ça devrait le faire.

– Ces crayons peuvent laisser des marques blanches sur les tissus foncés une fois l'encre disparue, on les réserve donc uniquement à l'envers du tissu.

• Le crayon « bic » ultra efficace mais à n'utiliser que sur l'envers du tissu.

Épingles

Je travaille avec des épingles fines à tête de verre (qui peuvent supporter la chaleur du fer). Ces épingles vont maintenir en place les pièces de patron sur le tissu au moment de la découpe ou les pièces de tissus entre elles lors de la couture. Une épingle doit pénétrer le tissu sans sourciller, si ce n'est pas le cas, c'est qu'elle est de mauvaise qualité ou trop abimée.

Mètre ruban

L'indispensable à avoir toujours sous le coude.

Ciseaux pour tissus

Investissement nécessaire, ces ciseaux sont spécifiquement conçus pour couper de manière nette et précise tous les tissus. Ils ne doivent être utilisés que pour cet usage au risque de perdre leur tranchant.

Découd-vite

Habituellement livré avec la machine, cet outil est irremplaçable pour découdre facilement le tissu sans s'arracher les cheveux. Attention, à utiliser toujours avec délicatesse pour éviter de trouer le tissu lors d'un geste malheureux.

Fer à repasser

Pour marquer les plis, thermocoller, personnaliser ou donner un joli rendu à la pièce cousue : indispensable.

LES SPÉCIFIQUES AU PATCHWORK

Fil

Pour le patchwork, je vous conseille d'acheter du fil polyester plus polyvalent (il s'utilise sur tous les tissus) que le fil coton réservé uniquement aux tissus en fibres naturelles. Par soucis d'économie, achetez des grosses bobines de fil (500 ou 1000 m) de couleurs de base (noir, blanc, bleu, rouge, jaune) et des plus petites bobines de fil coloré (100 ou 200 m) en fonction du projet. J'utilise personnellement la gamme Seralon de la marque Mettler.

Cutter rotatif

Qui remplace petit à petit mes ciseaux à tissus. Je travaille avec un cutter dont la lame mesure 45 mm. Il coupe de manière nette et rapide des tissus fins ou très épais et est inséparable du tapis de coupe. Le patchwork étant composé de pièces de tissus géométriques, le cutter vous fera gagner un temps considérable lors de leur découpe.

Tapis de coupe

Plaque de plastique qui protège la surface de travail lors de l'utilisation du cutter. Je vous conseille de prendre la plus grande taille (A1 soit 60 x 90 cm), composé de 5 couches et auto-cicatrisant. À ranger à plat (sous le lit ou le canapé) pour éviter sa déformation.

Règle à Patchwork

Permet de tracer des lignes droites sur les tissus, mesurer les marges de couture, tracer des angles droits parfaits... Attention, choisissez une règle graduée dans les 2 sens et en centimètres. Associée au cutter rotatif, elle vous permettra de couper des lignes droites sans avoir besoin de les tracer au préalable. Je vous conseille d'acheter une règle de 60 cm de long et si le budget suit une seconde plus petite de 30 cm (sur 16 cm de large en général).

Ciseaux de précision ou coupe-fil

Petits ciseaux bien pratiques pour couper les fils qui dépassent. J'utilise des ciseaux micro-crantés de la marque Tim Holtz normalement conçus pour le scrapbooking, ils sont précis, costauds et redoutables.

Ciseaux à papier

Il est possible que vous fassiez des gabarits des pièces de votre patch dans du carton léger. Pour ne pas être tenté d'utiliser les ciseaux à tissu, autant garder sous le coude une paire pour le papier.

Crayons ou craies

Pour écrire sur les tissus quand je réalise un patchwork j'utilise :

- Un crayon craie avec des recharges (dont je parle plus haut)
- Le crayon Trickmarker de la marque Prym qui s'efface à l'air. Le tracé s'efface en 1 ou 2 jours et ne laisse plus aucune trace que ce soit sur l'endroit ou l'envers du tissu. Il est top.

Papier Bristol

Pour travailler le design de certains blocs, j'utilise des feuilles A4 de papier bristol à petits carreaux.

LES SPÉCIFIQUES AU QUILTING

Vous trouverez le matériel indispensable au quilting main ou machine à la page 69.

LES PIEDS DE BICHE SPÉCIAUX

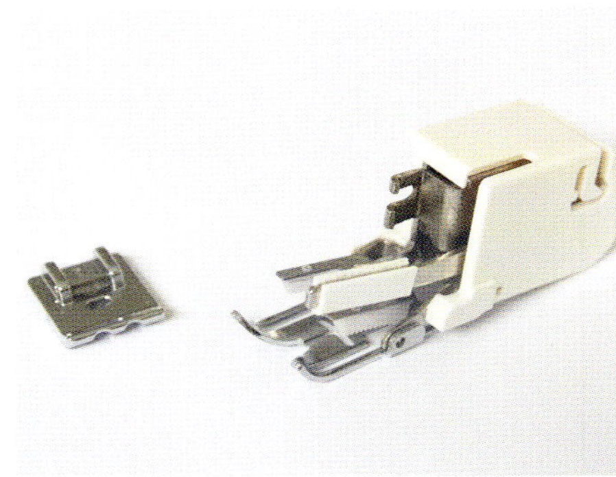

Il existe de nombreux pieds de biche, parfois livrés avec la machine, parfois à acheter séparément. Voici les 2 que je conseille :

- Passepoil : pratique avec sa gouttière qui guide la cordelette du passepoil. Avec ce pied, la pose du passepoil se fait les yeux fermés.
- Double Entraînement : idéal pour la couture des tissus stretch ou très moelleux, ce pied dissocie l'entraînement des tissus dessus et dessous pour une régularité parfaite. Il est parfois livré avec un guide qui permet d'effectuer des coutures parallèles à écartement régulier. Il est pour moi indispensable.

LES ASTUCES

Comme tout loisir, la couture requiert quelques astuces. Vous les apprendrez de manière empirique ou vous gagnerez du temps en lisant ces pages. Cela vous évitera quelques crises d'énervement. Il serait dommage de remiser votre machine au placard à cause d'un projet « boulet ».

ASTUCES DIVERSES

▼ La plus importante : bien choisir sa machine à coudre car toutes ne se valent pas. Prenez toujours contact avec un professionnel (site internet ou boutique) pour que l'on vous conseille la meilleure machine pour votre budget et usage. Mieux vaut une bonne machine d'occasion révisée qu'une machine neuve qui ne vaut rien. Vous n'imaginez pas comme des problèmes mécaniques peuvent ruiner un projet et dégouter de la couture. Les marques comme Janome, Brother, Juki ou Bernina sont une bonne garantie même si certains modèles de ces marques sont plus ou moins bien.

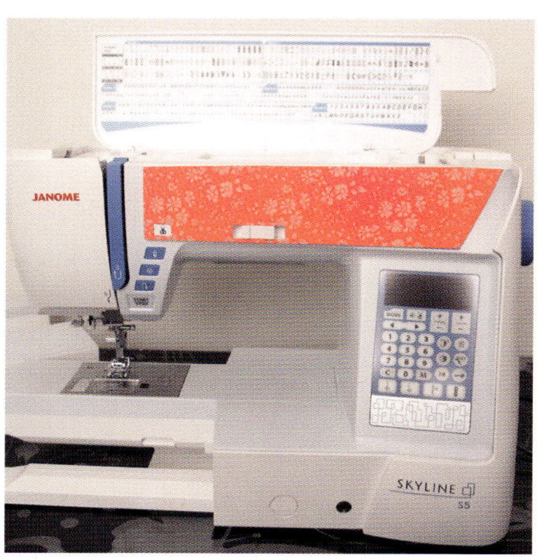

▼ Commencez et finissez chaque couture par un point d'arrêt (c'est-à-dire 2 points avant et arrière pour bloquer les fils). Votre machine a peut-être un mode qui le fait automatiquement, lisez la notice pour en savoir plus.

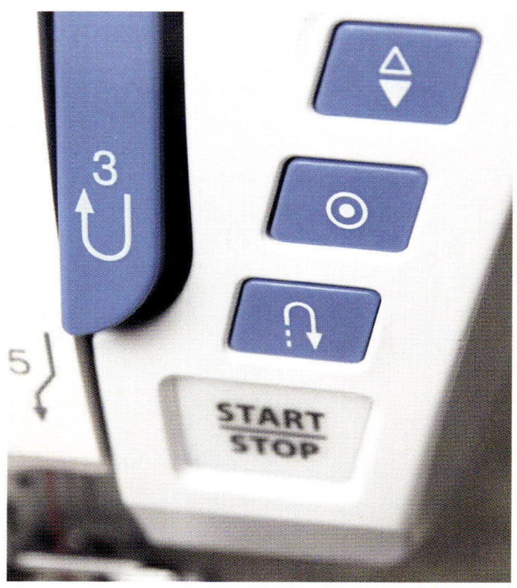

▼ Adaptez l'aiguille en fonction du tissu cousu (fine, épaisse, spécial jean, jersey, cuir ...), du fil utilisé (métallisé) ou de l'ouvrage (quilting).

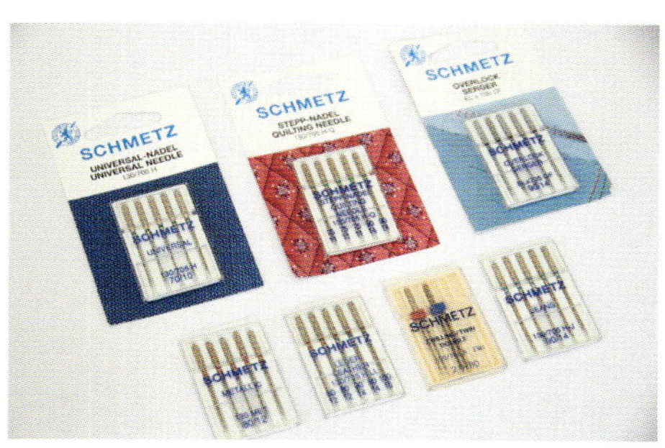

▼ Cousez avec du fil de qualité afin de préserver votre machine et enlever de nombreux problèmes lors de la couture (tension, qualité, régularité, durabilité...). Plus d'informations à la page 10.

▼ Cousez en laissant les épingles lors d'un assemblage délicat en les positionnant à la perpendiculaire de la future couture. Je tends légèrement le tissu avec la main droite afin que le pied de biche ne bute pas sur les épingles.

▼ Attention au sens de découpe du tissu, respectez le droit fil. Il est parallèle aux lisières du tissu. C'est dans ce sens que les pièces de tissu doivent être coupées afin de ne pas se déformer dans le temps (voir page 9).

▼ Pour coudre joliment les arrondis, faites quelques points, plantez l'aiguille dans le tissu, soulevez le pied de biche pour faire pivoter légèrement le tissu. Abaissez le pied de biche et recousez quelques points. Réitérez autant de fois que nécessaire.

▼ Pour coudre des angles droits bien nets, procédez en 2 coutures de manière à former une croix et dégarnissez l'angle avant de retourner.

▼ Le secret d'une jolie surpiqûre est l'allongement du point. Les points doivent être visibles, distincts et réguliers. Plus il y a d'épaisseurs, plus on allonge le point (longueur de 3, 4 ou plus). Testez votre surpiqûre sur une chute de tissu, en condition réelle (s'il y a 3 épaisseurs de tissu, testez sur 3 épaisseurs du même tissu) afin de trouver les bons réglages.

▼ Utilisez les pieds de biche adaptés à la technique employée. Il en existe des dizaines, parfois universels qui peuvent s'acheter en mercerie ou sur le net. Pour 5 € environ, il est parfois dommage de s'en priver car ils offrent de sacrés coups de pouce pour gagner du temps et soigner ses finitions (voir page 13).

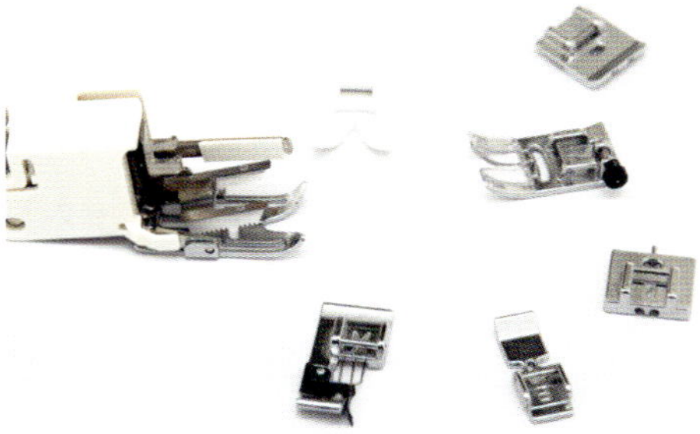

▼ Entretenez votre machine à coudre. Tout objet mécanique a besoin d'être nettoyé, huilé et révisé. Il n'existe pas de machine à coudre qui s'auto-entretient. Elle a besoin d'être nettoyée de sa crasse toutes les 10 heures de couture théoriquement (un pinceau prévu à cet effet est vendu avec la machine). Pour cela, démontez la plaque à aiguille, le boitier canette et enlevez la crasse. Cœur sensible, s'abstenir, c'est parfois le carnage. Glissez une goutte d'huile sur le tampon sous le boitier à canette ainsi que sur le bras de la machine, le plus haut possible. L'idéal est de faire réviser sa machine par un professionnel tous les 3-4 ans. La notice indique comment entretenir votre machine, suivez les consignes à la lettre. Qui veut aller loin ménage sa monture.

▼ Pas de patchwork (et couture en général) sans croiser le fer ! Le fer à repasser sera votre meilleur ami pour gagner du temps et avoir des finitions nettes et propres. Alors même si on a la flemme de sortir la table et le fer, on se motive !

▼ Le gros avantage de la couture est de pouvoir découdre. Peu de loisir permet d'effacer ses erreurs et de recommencer. Il n'y a donc pas d'excuses à une couture pas droite ou des raccords ratés. Quand on se plante, on découd, on épingle et on recoud jusqu'à réussite. Ça ne dépend pas du niveau de couture, il n'y a pas un seul projet où je n'ai pas eu besoin de découdre à un moment donné.

COMMENT RESPECTER LES MARGES DE COUTURE ?

Le respect de la valeur de couture est importante en couture et primordiale en patchwork. Si la marge est de 1 cm, vous devez être capable de la respecter au millimètre. Je vous donne ici une méthode infaillible.

1 – La plaque à aiguilles de chaque machine à coudre possède des marques. Ces graduations sont plus ou moins détaillées selon les machines. Sur la mienne par exemple sont écrites les différentes mesures en pouces (mais je m'en fiche un peu) et en centimètres.

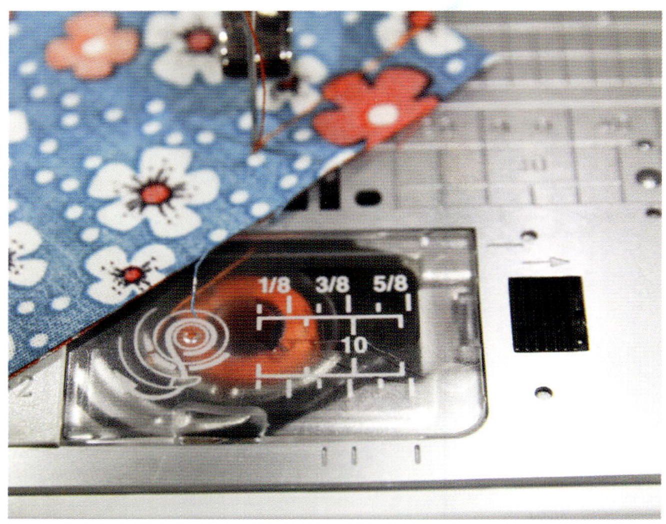

2 – En gros, si mon aiguille est en position centrale, il me suffit de mettre le bord brut de mon tissu sur un de ces repères pour coudre avec la marge de couture indiquée. Sur la photo, je positionne mon bord brut sur la mesure 10 mm soit 1 cm.

3 – Je couds en longeant le bord brut de mon tissu sur la mesure et bingo, j'ai une couture régulière pile à 1 cm du bord. Elle est pas belle la vie ?

4 – Sur d'autre machine, il n'y a qu'une succession de lignes parallèles, sans plus d'informations. Voici mon astuce pour se faciliter la vie une bonne fois pour toute. Faites des essais pour trouver le repère de 1 cm (on se cale sur une ligne, on coud et on mesure si on est à 1 cm du bord). Quand il est trouvé, collez un morceau de scotch.

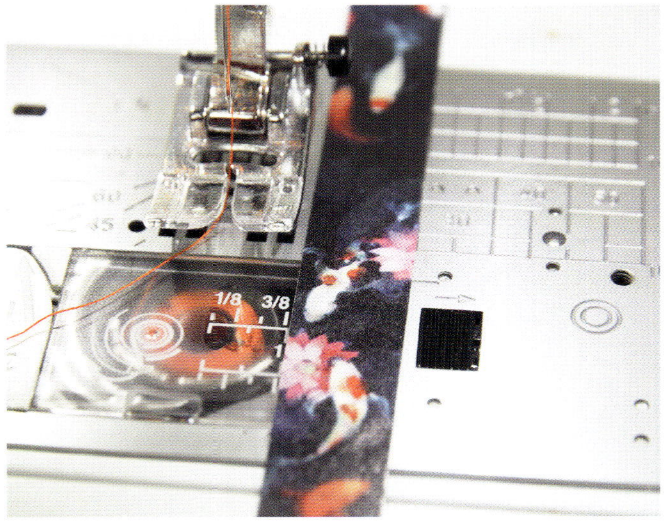

5 – Par la suite, il suffira d'aligner le bord brut du tissu sur le bord du scotch pour coudre avec une marge de 1 cm.

LE NŒUD PLAT

Le nœud plat est LE nœud par excellence de la couturière. Extrêmement facile à réaliser, sa forme ovale est parfaitement adaptée à vos divers travaux de couture. Un essai vous suffira à maitriser la technique et ensuite vous ne ferez plus jamais autrement (parole de couturière) !

MARCHE À SUIVRE

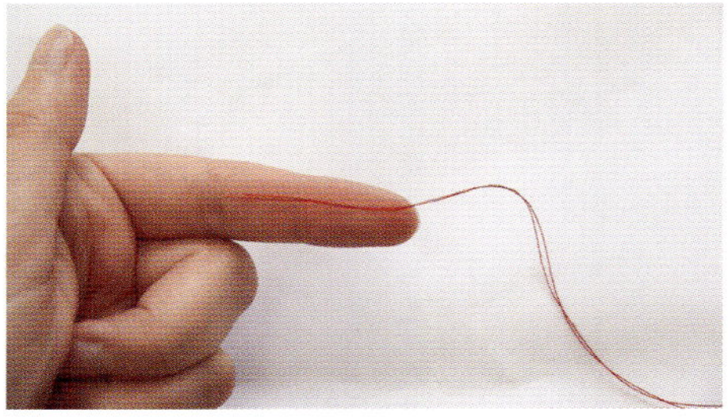

1

Enfilez le fil par le chat de l'aiguille et placez les 2 extrémités sur l'index.

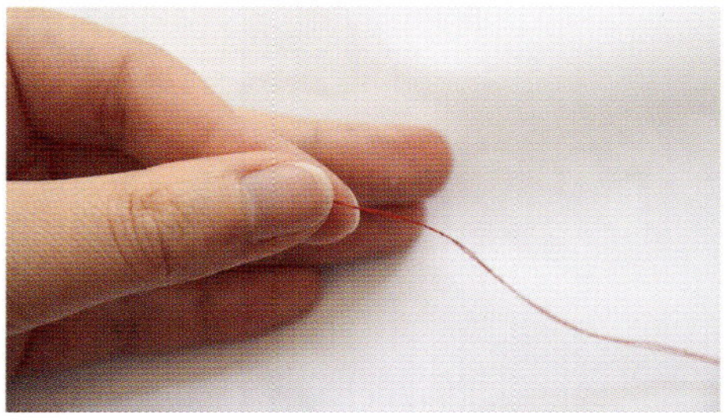

2

Maintenez le fil en place avec le pouce.

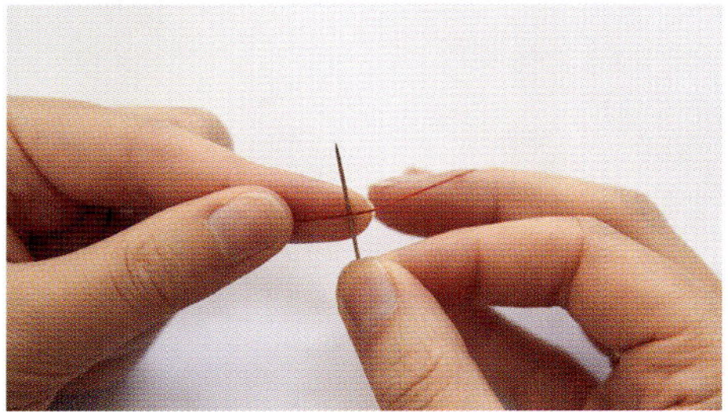

3

Glissez l'aiguille sous le fil.

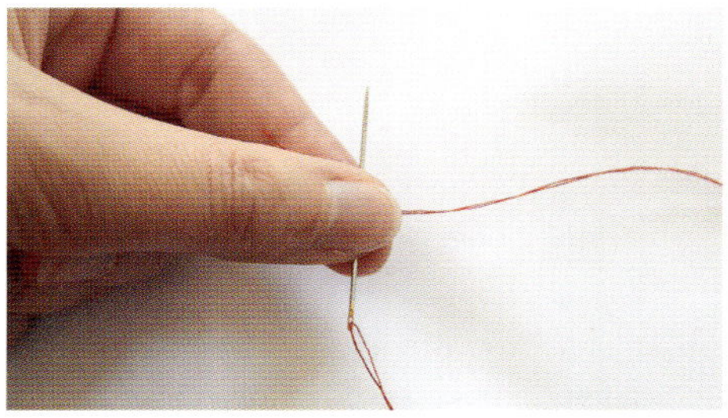

4

Maintenez le tout avec le pouce.

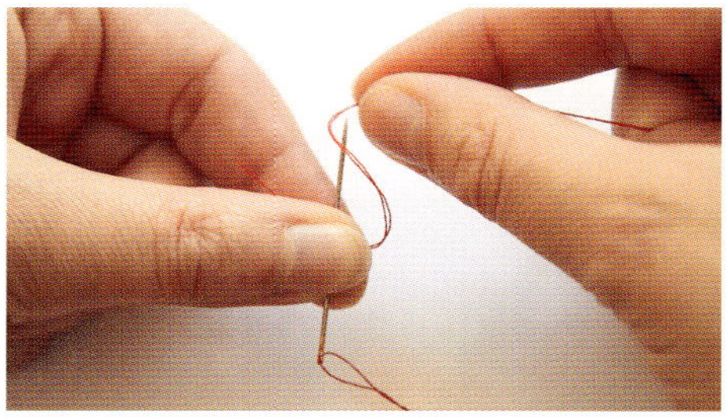

5

Enroulez le fil autour de l'aiguille 2 fois.

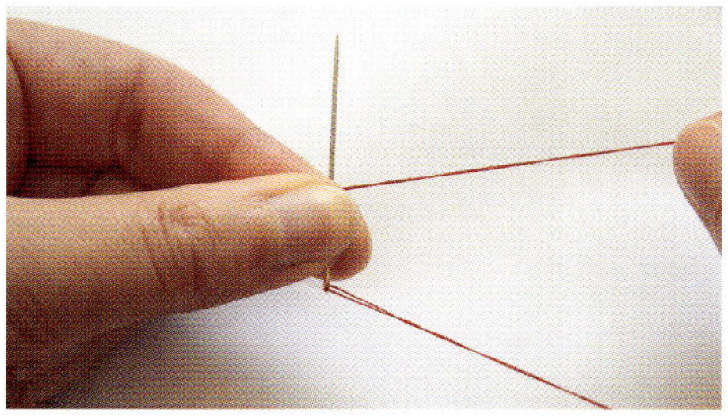

6

Tendez le fil.

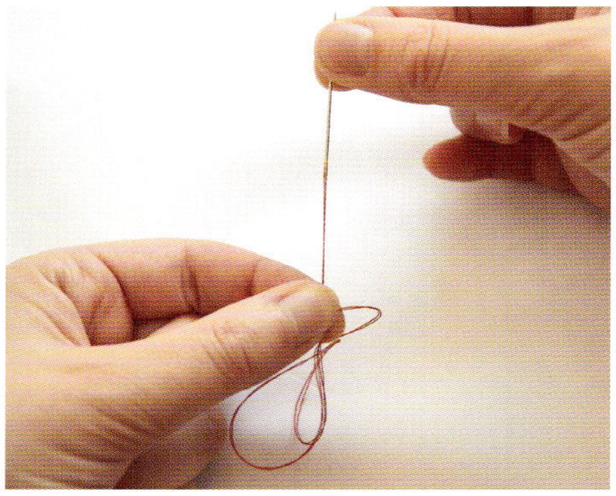

7

Tirez l'aiguille doucement vers le haut entre vos doigts, le nœud plat va se former tout seul.

COUDRE À LA MAIN
Le point invisible (ou glissé)

Il y a quelques années, la simple évocation d'une couture à la main me donnait de l'urticaire. Et puis au fil des années j'ai commencé à l'inclure dans mon vocabulaire jusqu'à ce qu'aujourd'hui, elle mette le point final de chacun de mes projets. La couture à la main permet de finaliser un projet en toute discrétion, sans ajout de piqûre visible qui gâche le paysage. Ses applications dans le domaine du patchwork sont variées : fermer une ouverture ayant permis de retourner un ouvrage, fixer une bande de finition ou encore coudre un appliqué.
Le coup de main est facile à apprendre et bien installé dans le canapé c'est même agréable.

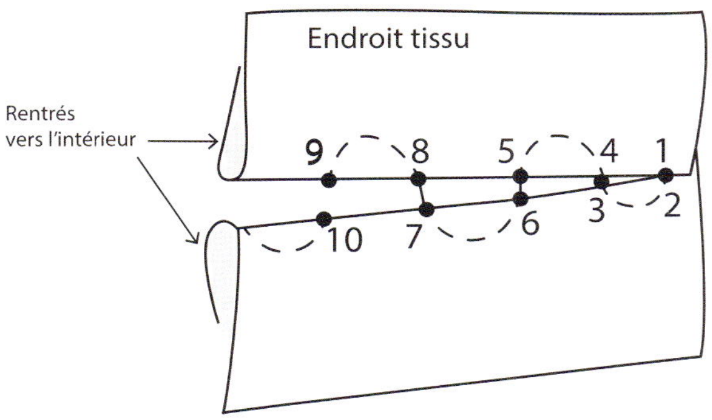

Voici un schéma récapitulatif

MARCHE À SUIVRE

1▲

Nous allons ici refermer une ouverture laissée afin de pouvoir retourner un ouvrage. La technique est la même quelque soit l'application.

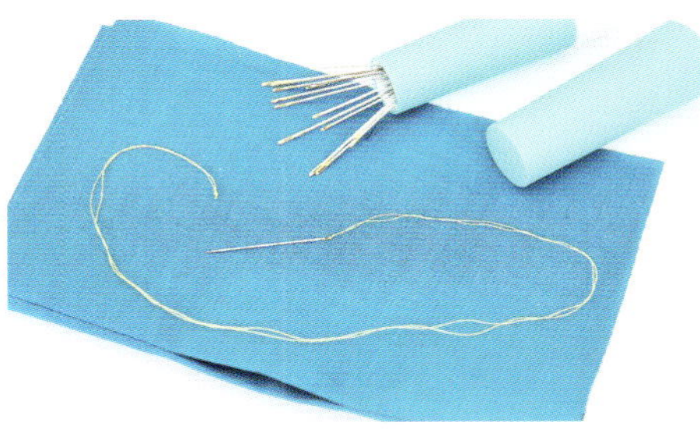

2▲

Munissez-vous d'une aiguille fine.

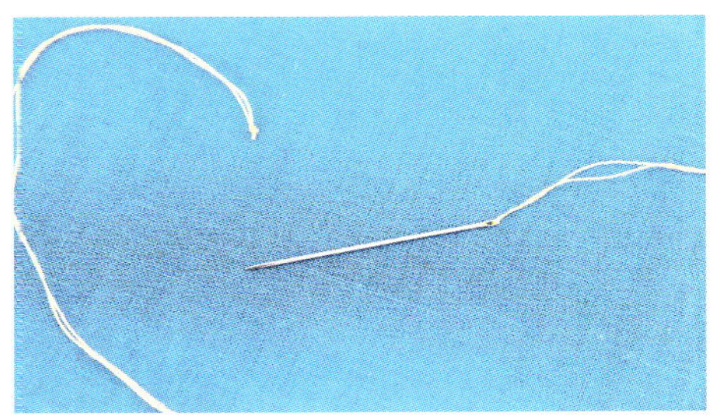

3▲

Enfilez le fil dans le chat de l'aiguille (de la couleur du tissu). Ici j'utilise un fil de couleur contrastante pour que ce soit plus parlant en photo. Doublez le fil et maintenez le tout par un noeud plat ou un double noeud. Coupez le surplus à raz du nœud (plus d'info à la page précédente).

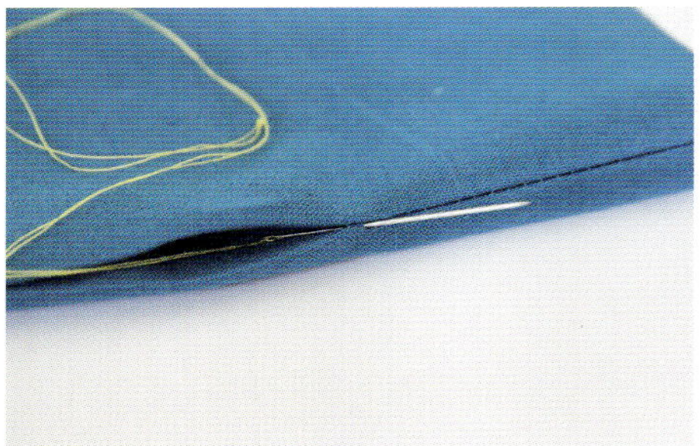

4

Piquez l'aiguille de l'intérieur de l'ouverture vers l'extérieur afin de cacher le nœud dans le pli du tissu.

5

Le fil sort au bord de l'ouverture à coudre et le nœud est invisible car caché.

6

Pour rendre invisible la couture, le fil doit avancer en « sous-marin » à l'intérieur des tissus. Piquez exactement en face de la position actuelle du fil et faites avancer l'aiguille dans le pli du tissu opposé.

7

Le premier point est formé. Le fait de piquer les tissus directement en face rend le point invisible car le fil a peu de distance à parcourir.

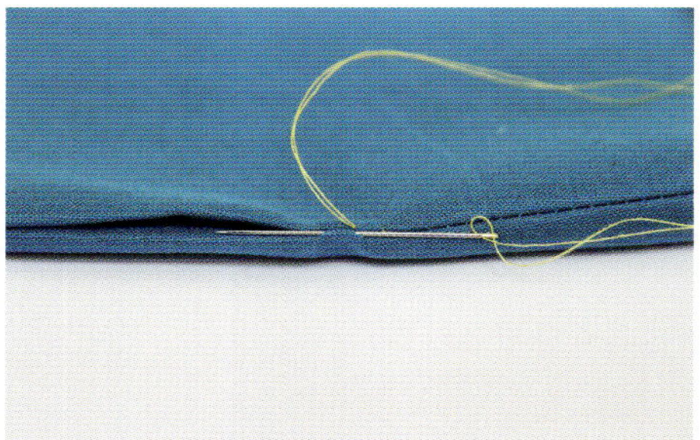

8

Répétez l'opération en piquant l'aiguille en face de la position du fil et faites avancer l'aiguille dans le pli du tissu.

9

Le second point est formé.

10

Voici le résultat après plusieurs points (et sans avoir tendu le fil).

11

Tendez le fil entre chaque point de manière souple.

12

J'aime pincer le tissu entre 2 doigts lors de la couture. Je trouve que l'on pique plus facilement et précisément l'aiguille.

13 ▲

Attention à ne pas trop tirer sur le fil entre chaque point au risque que le tissu ne fronce.

14 ▲

À la fin, faites 1 ou 2 petits points arrière l'un sur l'autre.

15 ▲

Entre chaque point arrière, passez l'aiguille dans la boucle formée pour créer un nœud.

16 ▲

Coupez le fil à ras. En utilisant un fil de la couleur du tissu, cette opération sera totalement invisible (pas comme ici).

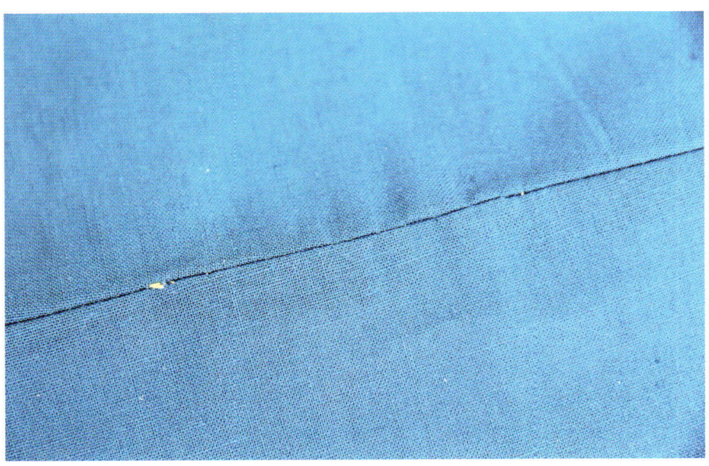

17 ◀

Une fois dépliée, voici le résultat de la couture.

CHOISIR SES TISSUS

Le patchwork est synonyme, du moins en France, de vieillot et ringard. Mais pourquoi tant de haine ? Et bien principalement à cause des tissus employés, souvent ternes, fades et peu lumineux. Tout le monde a en tête les associations bordeaux/beige/marron, tellement kitch.

En gros, ce n'est pas pour vous mettre la pression (quoiqu'un peu) mais le choix des tissus est déterminant pour basculer de moderne à ringard.

Même si le patchwork est idéal pour utiliser les chutes de tissus, ce n'est pas une raison pour en faire un « glou-biboulga » insipide. Passer tant de temps pour un résultat bof, ça ne vaut pas le coup. Murissez longuement vos associations de tissus afin de ne pas les regretter.

Le choix du tissu

1 – LA MATIÈRE

Le textile le plus souvent employé pour le patchwork est le 100% coton.

Des popelines spéciales patch sont vendues dans les merceries. Ces tissus, de 110 cm de laize, sont présentés enroulés à plat. Ils sont souples, non transparents, faciles à travailler et répondent très bien au fer à repasser.

Ces cotons ne sont pas exclusivement réservés au patchwork, ils peuvent être utilisés également dans l'habillement ou les accessoires mais leur petite laize est à prendre en compte.

Vous verrez au fil de la lecture, qu'il est possible d'utiliser d'autres textiles. Néanmoins, il faut garder à l'esprit cette règle primordiale :

Si des matières identiques tu ne couds pas, des cheveux peu il te restera.

Les mélanges de types de tissus sont rarement une bonne idée car l'un des tissus prendra fatalement le dessus sur l'autre et l'ensemble vieillira mal.

2 – LE CONDITIONNEMENT

Les tissus en coton sont généralement vendus au mètre et la coupe de départ dépend des marchands. Certains autorisent les coupes à partir de 10 cm, pour d'autres ce n'est pas en dessous de 50 cm. Cela fait une différence notable au moment du passage en caisse. Il est toujours plaisant d'acheter uniquement ce dont on a besoin. Il vaut mieux parfois mettre un peu plus cher au mètre pour avoir exactement la quantité de tissu nécessaire.

Sur le net, vous trouverez des lots de « fat quarter » (« quart de yard » en français). Le yard (abrégé yd) est une mesure anglophone (1 yd = 91 cm). Des lots de fat quarters contiennent généralement des coupons de 45 x 50 cm de tissus assortis.

Idéaux pour le patchwork, ces lots sont intéressants de par l'assortiment de tissus et la quantité vendue (il ne vous restera presque pas de chutes). Néanmoins, ils restent généralement plus chers qu'un assortiment de tissus vendus au mètre.

Il existe aussi d'autres conditionnements :

– Jelly rolls : 40 coupons de 6 x 110 cm
– Charms packs : environ 42 coupons de carrés de 13 cm de côté
– Et bien d'autres encore.

3 – LES MOTIFS

Un patchwork est un assemblage de « blocs » qui forme un motif. Il faut savoir adapter le design aux tissus. Si vous utilisez de petites pièces de tissus pour réaliser vos blocs, évitez les tissus à gros motifs qui seront coupés et deviendront illisibles. Essayez de conserver un motif complet ou une partie « lisible » du motif.

Afin de donner de la dimension à votre ouvrage, apprenez à mixer les imprimés : petits, moyens et gros motifs, motifs réguliers ou aléatoires, géométriques, tissus unis ou faux unis...

En règle générale, trop de motifs tuent le motif

Apprenez à mettre en valeur les tissus chargés par des unis ou faux-unis qui les rehausseront visuellement sans prendre le dessus.

Si vous souhaitez travailler votre bloc de manière à ce qu'il forme un motif (voir page 42), évitez que ce dernier ne soit écrasé par des tissus chargés qui attireront trop l'œil. Ce type de montage convient mieux à des tissus unis ou faux unis pour mettre en valeur la globalité du motif reconstitué.

Sachez que les petits motifs surchargent visuellement moins un ouvrage que les gros motifs. Regardez par exemple cet ensemble de tissus de la marque Petit Pan.

L'assortiment est flashy, cela vient du contraste entre l'orange et le turquoise mais aussi des couleurs fluo et de l'accumulation des motifs. Néanmoins, une fois assemblé, l'ensemble qui aurait pu passer comme criard se laisse agréablement regarder.

Le choix des couleurs

Comme je vous l'expliquais plus haut, le choix des couleurs est une étape déterminante.
Je vais donc vous donner quelques clefs, pour la plupart utilisées en peinture, pour réussir à harmoniser vos tissus.
Evidemment tous les goûts sont dans la nature, quand on prend du recul, l'importance première du patch est qu'il vous plaise à vous !

1 – LA ROUE CHROMATIQUE

Derrière son nom à rallonge, cet outil sera votre alliée de choc pour assortir harmonieusement vos tissus.
Petit historique sur la création de cette roue :

Il existe 3 couleurs primaires : jaune, cyan (bleu) et magenta (rouge).

La combinaison de 2 couleurs primaires à parts égales va donner 3 couleurs secondaires : vert, orange et violet.

Les mélanges entre couleurs primaires et secondaires donnent naissance à 6 couleurs tertiaires.

Ces 12 couleurs ainsi obtenues sont disposées dans un cercle appelé roue chromatique.

La roue est divisée en deux : les couleurs chaudes et les froides :

L'ajout progressif de blanc ou de noir dans chacune des couleurs de la roue va donner des nuances appelées sous-tons.

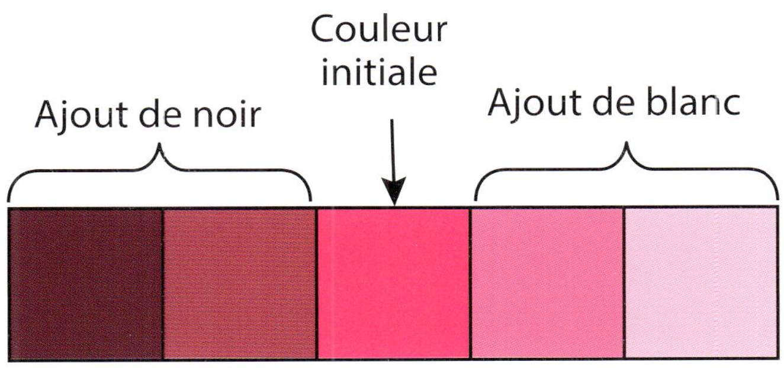

2 – LA SIGNIFICATION DES COULEURS

Les couleurs ont aussi une signification cachée que notre cerveau interprète sans le savoir :

– Le bleu : confiance, fidélité, calme, fraicheur, liberté, sérénité, le sérieux
– Le vert : chance, nature, calme, croissance, espérance
– Le violet : délicatesse, prospérité, solitude, spiritualité, imaginaire, mystère
– Le turquoise : pureté, rafraichissant, fluidité, légèreté, eau
– Le brun : nature, masculin, solidité, confort, neutralité
– Le jaune : chaleur, gaieté, créativité, optimisme, traitrise, enthousiasme
– Le rouge : amour, interdit, passion, sensualité, danger, agressivité
– L'orange : énergie, dynamisme, stimulant, action, soleil
– Le rose : tendresse, féminité, enfance, bonheur, sentimental
– Le noir : mystère, élégance, haut de gamme, rigueur, tristesse
– Le blanc : froid, douceur, propreté, pureté, fraicheur

3 – LES ASSOCIATIONS

a – Association Monochrome

Il est possible de choisir un seul coloris comme le bleu que l'on va décliner dans de nombreux tons et sous-tons (du plus clair au plus foncé).

Personnellement, j'utilise peu cette association que je trouve un peu fade. Il y a peu de contraste pour donner de la dimension et de la profondeur à l'ensemble.

b – Camaïeu

C'est l'association de couleurs voisines dans la roue que l'on enrichit de leurs sous-tons respectifs.

Par exemple, voici un camaïeu de 3 couleurs : rose, rouge et corail. Cela donne un résultat plus dynamique que le monochrome tout en restant doux à l'œil.

c – Contraste ou couleurs complémentaires

Des couleurs complémentaires sont 2 tons opposés directement dans la roue qui contrastent fortement. Il en résulte un mélange de couleurs vif et punchy.

Pour mettre en valeur le violet par exemple, vous pouvez l'assortir d'une pointe d'orange clair. Attention à utiliser cette association avec parcimonie sous peine de piquer les yeux.

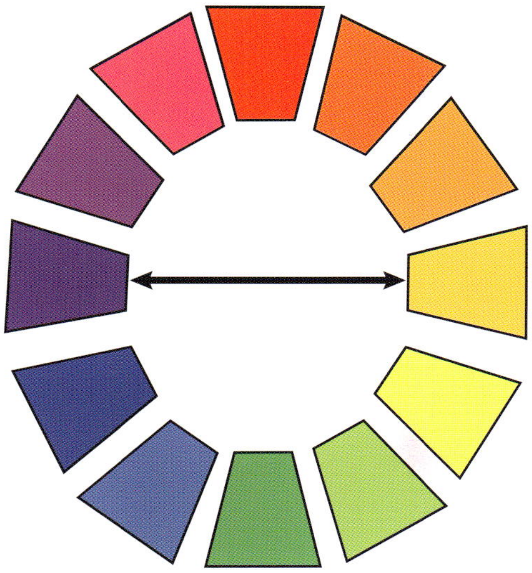

Le contraste le plus tranchant est le noir et le blanc. Il en résulte un résultat ultra chic.

d – Harmonie

L'harmonie fait intervenir des couleurs chaudes et froides du cercle chromatique ce qui permet des compositions dynamiques et variées. La base d'une harmonie est une couleur dominante que l'on va assortir à 1, 2 ou plusieurs autres couleurs.

• Harmonie Complémentaire

L'harmonie complémentaire à 3 tons est la combinaison d'une couleur dominante avec les 2 voisines de sa complémentaire.

Dans l'exemple, ma couleur dominante est le rouge. Je choisis de l'assortir aux 2 couleurs voisines de sa complémentaire (le vert). Le résultat forme un triangle. Ici, c'est le rouge qui attirera le regard car il sera mis en valeur subtilement par des touches de bleu ciel et vert pale.

• Harmonie à 3 (ou 4) tons

L'harmonie à 3 (ou 4) tons associe 3 couleurs (ou 4) qui forment un triangle équilatéral (ou un rectangle) dans la roue.

e – Les collections

Certaines marques de tissus proposent des collections. Il s'agit de tissus assortis sur un même thème de couleurs et motifs. Voici par exemple la collection Aura de la marque Dashwood. Pas moyen de se tromper avec une collection, l'ensemble ne peut être qu'harmonieux.

f – La déclinaison ou le « fil rouge »

Je l'appelle personnellement ainsi, je doute que le terme soit académique. Il s'agit d'une association très facile à mettre en place. Elle nécessite un tissu à motifs contenant plusieurs couleurs différentes que nous appellerons « couleurs de référence ». Ensuite, il suffit d'utiliser des tissus unis, faux-unis ou à petits motifs ne contenant que ces couleurs de référence.

Par exemple, je suis partie sur un tissu avec un imprimé d'enfants et de ballons. Ce tissu contient du rouge, du jaune, du vert d'eau... J'ai choisi des tissus à petits motifs de ces couleurs. Cela donne un ensemble très harmonieux et dynamique tout en mettant en valeur le tissu principal.

4- QUELQUES CONSEILS

Si un tissu te chafouine, vire-le !

Cette règle primordiale est la première à suivre : elle s'appelle l'instinct. Quand vous avez sélectionné vos tissus, si l'un d'entre eux vous dérange, c'est que votre inconscient vous fait dire qu'il n'a rien à faire là.

Voici d'autres astuces qui peuvent être utiles :

- Évitez de partir sur des couleurs entièrement pastel. Le résultat sera un peu fade. N'hésitez pas à donner du pep's avec un dessous, une bande de finition ou un passepoil contrastant. Cela ne mettra que plus en valeur votre patch.

- Les couleurs fluo sont un atout de charme et de modernité pour donner un petit plus à un patchwork. Attention néanmoins à les utiliser avec parcimonie pour éviter l'effet « gilet jaune de sécurité ».
- Pour avoir un patch plein de pep's, voici quelques associations de couleurs qui fonctionnent à merveille : rose-rouge-violet, turquoise-gris-jaune, noir-blanc-jaune, gris-orange fluo.

LE RECYCLAGE

Un petit mot sur le recyclage qui se prête si bien à des projets patchwork. J'aime à penser que les objets usagés, trop petits ou trop grands puissent vivre une autre vie. Vous pouvez sans problème recycler les vieux vêtements, sacs, parures de lit, rideaux, linge de famille, nappe… dans un patchwork qui prendra une tout autre dimension. Pourquoi ne pas coudre un plaid avec les vieux tee-shirts que vous chérissez ? Ou encore utiliser les vêtements de bébé devenus trop petits pour lui assembler une couverture sentimentale qui le suivra des années durant ? Jouez sur les détails tels que les boutonnières d'un chemisier ou les poches d'un pantalon. Je vous donne un exemple de recyclage avec le sac Jean en page 152.

PRÉPARER SES TISSUS

Vous venez de choisir vos différents tissus, il est l'heure désormais de les préparer avant la coupe.

Et oui, on ne coupe pas directement les tissus fraîchement achetés même si c'est très tentant !
Le patchwork est un ouvrage qui durera dans le temps et vous accompagnera dans votre vie quotidienne. Il se peut qu'il doive être lavé de temps à autre. Et c'est là que le bât blesse, un tissu non lavé peut bouger après son premier lavage/séchage. Il n'est pas rare qu'il :

– rétrécisse (tous les tissus ne rétrécissent pas de la même manière, ça serait trop simple)
– dégorge (les sous-vêtements de mon mari devenus roses s'en souviennent encore)
– s'abîme (bouloches, accrocs...).

Personnellement, j'applique toujours cette règle :

Ouvrage lavé dans le futur = tissu à laver et sécher avant la coupe

C'est certes long et rébarbatif. Les pressés comme moi devront prendre leur mal en patience, un beau quilt ça se mérite !

Lavage

Quand j'achète des tissus de qualité, je les lave tous dans une seule et même battée. J'ajoute même le linge de la maison. Je n'ai pas trop de crainte quant au dégorgement possible.

Par contre, quand j'achète des tissus à plus bas prix (entre 5 et 7 € le mètre) ou de couleurs flashy, je préfère les laver seuls avec des tissus de mêmes tons. Il m'est déjà arrivé qu'un de mes tissus dégorge (énormément) et tous les autres tissus ont pris la couleur qui n'a jamais entièrement disparu.

Astuce

Pour savoir si un tissu va dégorger, il suffit de le frotter légèrement avec un linge blanc humide. Si le linge change de couleur, c'est mauvais signe ! Pour endiguer le phénomène il faut faire tremper le tissu renégat dans un bain d'eau additionnée de gros sel et vinaigre blanc durant toute une nuit. Ce mélange aide à fixer les pigments.

Le rétrécissement du tissu est causé non pas par la lessive en elle-même mais par les actions combinées du lavage + séchage. Néanmoins, pour enlever les apprêts qui peuvent se trouver sur certains tissus et les autres éléments chimiques issus de la teinture, je préfère mettre de la lessive dans la machine. Je lave mes tissus à 30 ou 40°C, comme je les laverai une fois l'ouvrage terminé.

Séchage

Personnellement, je mets tous les tissus dans mon sèche-linge, stretch et non stretch. Pourquoi ? Parce que je sais qu'avec cette combi : machine à laver + sèche-linge, mes tissus ne bougeront plus jamais. Ils rétréciront comme ils doivent le faire à ce moment-là.

Une fois cousus, je ne passe plus mes tissus stretch au sèche-linge, ils s'abimeraient trop vite.

Pour gagner du temps au repassage, le must est de guetter la fin du cycle pour sortir les tissus encore chauds et les repasser directement. Les plis se forment lors du refroidissement du linge. Si vous n'avez pas de sèche-linge, étendez-les le plus soigneusement possible pour limiter les plis (vous me remercierez au moment du repassage).

Repassage

Encore une fois, c'est à cette étape que l'on distingue les tissus de bonne et moins bonne qualité. Certains se repassent comme un rêve, un coup de vapeur et roule ma poule, ils sont comme à la sortie du magasin. D'autres restent marqués, peu importe la durée et la qualité du repassage.

Dans tous les cas, repassez correctement vos tissus et pliez les soigneusement. Je sais, c'est long et barbant mais vous gagnerez du temps au moment de la coupe.

COUPER SES TISSUS

Vous avez choisi vos tissus, les avez lavés/séchés, il va falloir désormais les couper. Je vais vous donner des astuces pour gagner du temps et rendre ce moment le plus agréable possible.

Matériel de coupe

Je ne vais pas y aller par 4 chemins, les outils indispensables à cette étape sont : le cutter rotatif, la règle à patchwork et le tapis de coupe pour protéger l'espace de travail. Certes, c'est un petit investissement initial mais vous ne le regretterez jamais. En plus d'être utilisés pour tous vos travaux de couture (patchwork, vêtements, accessoires), ils sont un vrai gain de temps et de précision. Je vous en parle plus en détail à la page 12.

Néanmoins, il est possible de tout faire avec des ciseaux (à tissus évidemment), une règle, une équerre et un crayon. Vous obtiendrez le même résultat en un peu plus de temps.

Respecter le droit fil

Il est important de toujours respecter le droit fil dans la couture et notamment pour le patchwork. Si les pièces d'un bloc sont coupées dans le biais du tissu, elles seront extensibles et se déformeront. Repérez donc toujours une des lisières de votre tissu et coupez vos pièces parallèlement à cette lisière. (Plus d'informations page 9).

Couper des bandes

Quand on fait du patchwork, on achète souvent des petits métrages de tissus. On obtient donc des longues bandes assez étroites. Qu'elles aient été déchirées ou coupées aux ciseaux par le vendeur, **les bandes de tissu ne sont pas droites**.

Je vous explique ici comment couper des bandes de tissu régulières à la bonne hauteur.

Remarque

Je suis droitière, donc pour les gauchères, inversez le positionnement du tissu.
Je vous montre la technique de coupe avec un cutter rotatif. La marche à suivre est pratiquement la même avec des ciseaux, il suffit de tracer les lignes au crayon puis couper en suivant les traits.

1

Pliez le tissu en deux, lisière contre lisière, endroit contre endroit. Pour les tissus à motifs, essayez de les aligner.

2

Alignez une ligne repère de la règle sur le pli du tissu.

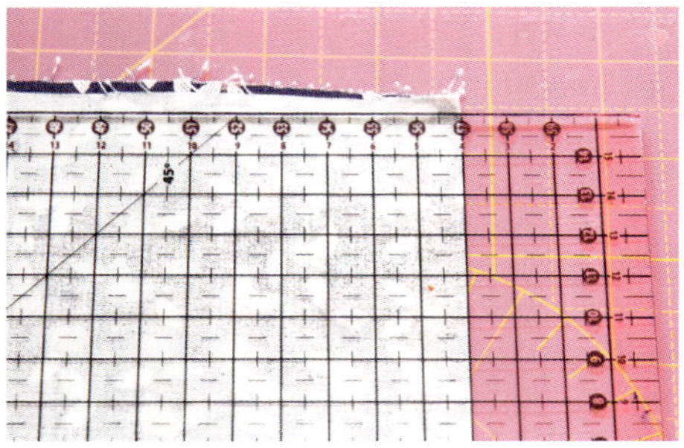

3

La règle ainsi positionnée permet de couper le tissu en angle droit.

4

Appuyez fortement la règle avec une main et coupez le long avec le cutter. Déplacez la règle au besoin si elle est plus courte que la bande de tissu. **On positionne toujours la règle sur le morceau de tissu que l'on va garder.**

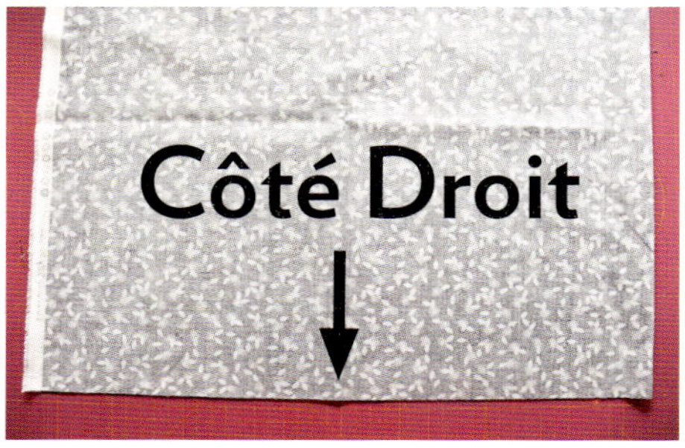

5

Retournez délicatement le tissu toujours plié (si besoin épinglez au préalable pour qu'il ne bouge pas). Le bord droit coupé précédemment se trouve en bas de la photo.

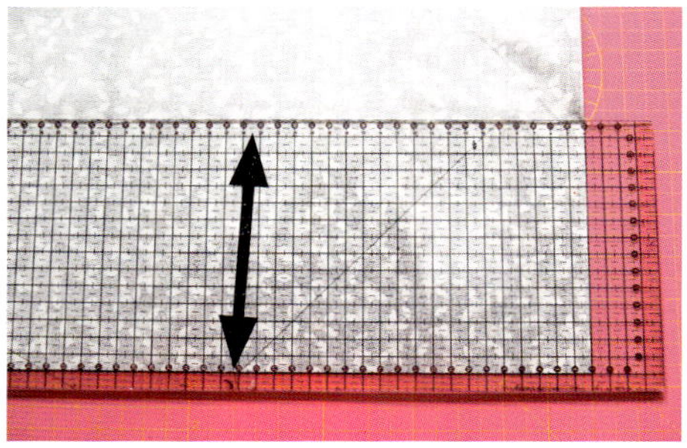

6

Mesurez la largeur de la bande souhaitée en alignant le pli du tissu et le bas droit avec la bonne ligne repère de la règle.

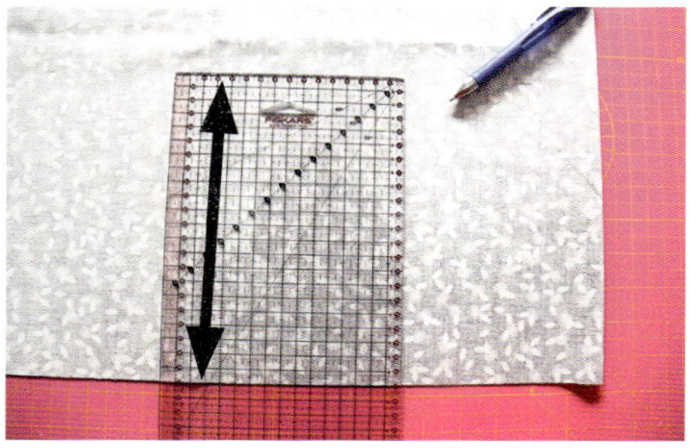

7

Si la largeur de la bande est supérieure à celle de la règle, positionnez cette dernière dans l'autre sens et tracez des repères le long du tissu avec un crayon. Quelques petits traits suffisent.

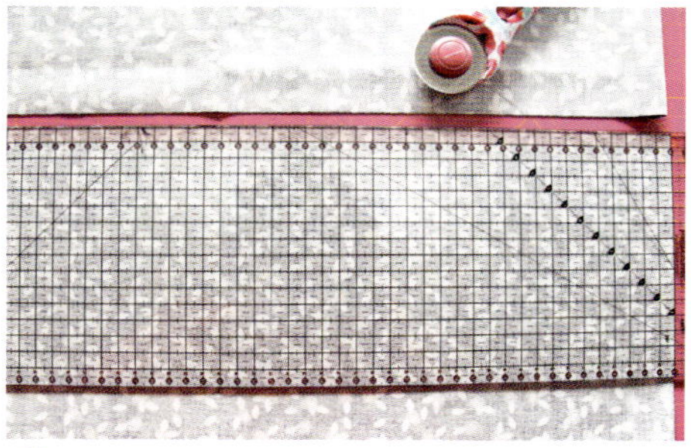

8

Positionnez la règle le long des repères et coupez.

9

La bande de tissu est coupée à la bonne largeur et les 2 côtés sont bien parallèles.

Astuce

Les motifs ne sont pas alignés sur la lisière ?

Il n'est pas rare que les motifs imprimés sur le tissu ne soient pas perpendiculaires à la lisière. Si ce sont des gros motifs et que l'écart avec la lisière n'est pas énorme, alignez-vous sur les motifs. Si les motifs sont très petits ou que l'écart est trop grand, alignez-vous sur la lisière du tissu.

Couper des carrés ou rectangles

La coupe des carrés ou rectangles débute toujours par la coupe d'une longue bande de tissus vue à la page précédente.

1 ▲

À quelques millimètres d'une des lisières, positionnez la règle. Pour couper à la perpendiculaire, alignez les bords hauts et bas de la bande avec des repères de la règle.

2 ▲

Coupez la lisière du tissu à la perpendiculaire.

3 ▲

Retournez la bande. Le bord précédemment coupé se retrouve donc à gauche sur la photo. Il faut toujours placer la règle sur la pièce de tissu que l'on conserve. Placez-la à la largeur souhaitée en alignant les repères côtés et bas.

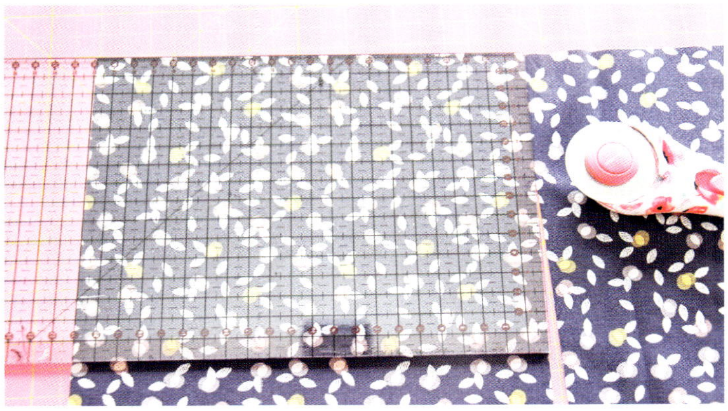

4 ▲

Coupez, glissez la règle vers le haut au besoin et poursuivez la coupe

5 ◀

Le carré ou rectangle est coupé. Allez, on enchaîne les autres. Mon conseil : faites des tas de 10 formes que vous plierez ensuite en deux. Ca sera plus facile de les comptabiliser à la fin. Je coupe toujours plusieurs formes supplémentaires pour faciliter l'agencement du patchwork.

CHOISIR SON MOLLETON

Le molleton (ou ouatine) est l'élément phare de votre projet, sans lui, pas de quilting possible. C'est l'élément primordial qui donnera à votre plaid son moelleux, sa chaleur et son rendu matelassé.

Il existe plusieurs types de molleton, choisissez toujours un molleton spécial patchwork.

Le molleton se vend dans les boutiques de tissus, au mètre ou par coupon, en différentes laizes. Il en existe à tous les prix et pour tous les usages. Gardez à l'esprit qu'un quilt est fait pour durer, il vous accompagnera de longues années, sera malmené et lavé régulièrement. Il va de soi qu'utiliser des matériaux de piètre qualité risque de raccourcir significativement sa durée de vie.

LES GAMMES DE MOLLETONS

Les molletons peuvent être répartis en 3 gammes :

– Le **bas de gamme**, on le sent au toucher, raide, rêche. Il avoisine les 6 € du mètre. Il n'est souvent pas conçu pour le quilting, l'aiguille (machine ou main) aura du mal à le traverser facilement sans faire ressortir des fibres. Ce molleton ne passe pas en machine et ne se repasse pas. Tout le temps que vous allez investir dans votre ouvrage ne mérite pas ça.

– Le **milieu de gamme**, spécial patchwork vendu environ 13 à 16 € du mètre. Il est dense mais léger et doux au toucher. C'est un bon compromis si vous ne voulez pas « trop » investir. Vous trouverez différentes épaisseurs. Il passe à la machine et certains peuvent se repasser. C'est une bonne alternative, facile à travailler, de qualité et durable. Je travaille essentiellement avec les produits de la marque Vliesline (P120 ou P250).

– Le **haut de gamme** avec notamment la marque française PSRQuilt. Il existe des dizaines de références conçues pour des usages et rendus bien spécifiques. Cela va du molleton dit nuage très léger et cotonneux au molleton édredon bien chaud et épais. Il existe même un molleton conçu pour reprendre son moelleux après lavage. Les matières sont aussi variées, on passe du polyester, au 100% coton, ou bambou… Et enfin les usages avec du molleton spécial couverture, sac, set de table, manique… il y en a pour tous les goûts. Toutes mes expériences avec cette marque ont été un pur bonheur sur tous les points.

RECYCLAGE

Vous pouvez très bien réutiliser une vieille couette qui traine ou que vous aurez dénichée chez Emmaüs. Il faudra juste prendre en compte le poids final de l'ouvrage. Une couette, surtout si elle est en plumes, pèse bien plus lourd qu'un molleton et ne pourra pas être quiltée.

COMMENT CHOISIR ?

Devant pléthore de molleton, il est parfois difficile de faire son choix.

Tout d'abord, c'est le budget qui va parler. Pour un prix du simple au triple, il est normal de se poser la question. À vous de savoir ce que vous souhaitez exactement.

Ensuite, il faut adapter le molleton au projet. Par exemple, pour un tapis de jeux pour enfant, il va vous falloir un molleton épais et très moelleux type « édredon ». Pour une couverture légère d'été, un molleton fin type « nuage » sera idéal.

Pour votre premier quilt, je vous conseille d'utiliser un molleton standard de milieu de gamme. Ainsi, vous aurez plaisir à travailler avec un produit de bonne qualité et vous n'aurez pas trop « mal au cœur » si l'ouvrage fini n'est pas à la hauteur de vos espérances (mais si vous lisez bien toutes les pages de ce livre, ça ne peut pas arriver !). Si par la suite vous prenez goût au patch et au quilt, essayez les molletons haut de gamme, la différence se ressent vraiment à tous points de vue.

Astuce

Ne jetez pas vos chutes de molleton, elles peuvent être assemblées entre elles pour recomposer une plus grande pièce. La seule condition est d'utiliser des chutes de même type et de même épaisseur.

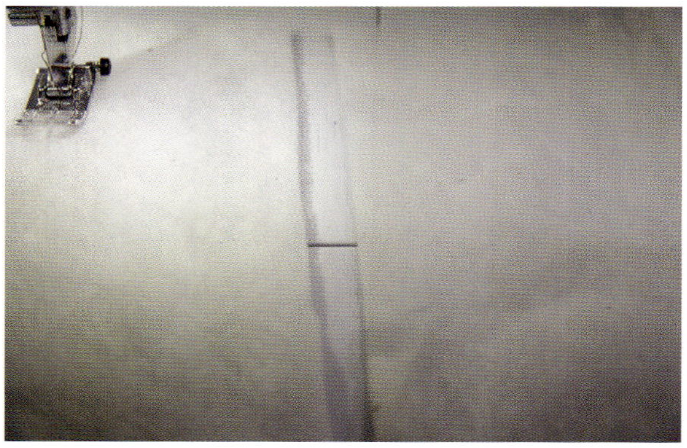

1

Prenez 2 chutes et placez-les bord à bord (pas de superposition.

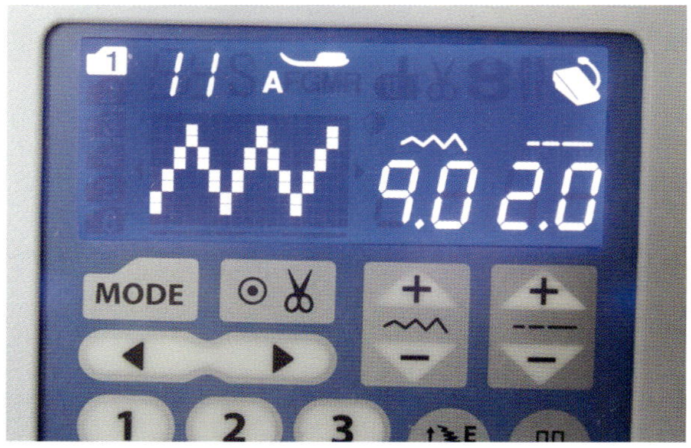

2

Choisissez un point zig-zag le plus large possible.

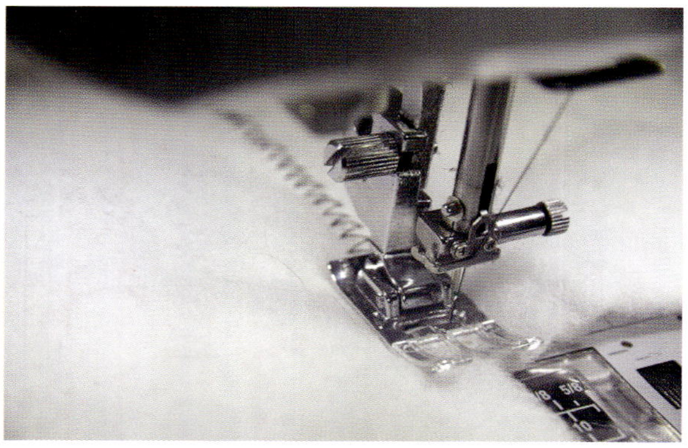

3

Avec un fil blanc (j'ai choisi un fil noir sur la photo pour que ce soit plus visible), réalisez un point zig zag en piquant alternativement dans une chute puis dans l'autre.

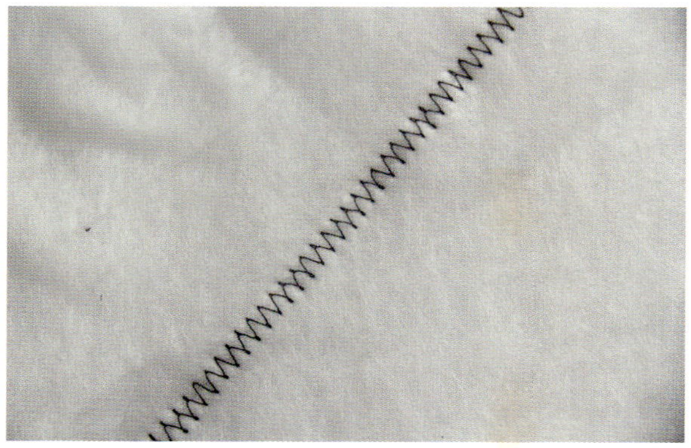

4

Vos chutes sont assemblées. Répétez l'opération pour obtenir la dimension voulue.

CHOISIR SON DESSOUS

Remarque

Attention à ce que le tissu choisi ait une laize suffisante pour votre projet. Si vous partez sur un plaid de 140 x 150 cm et que la laize de votre dessous est de 110 cm, ça ne va pas passer ! (histoire vécue). Idéalement, le dessous doit être en une seule pièce de tissu.

1 – LE COTON

Le quilting traditionnel se fait avec une cotonnade unie type popeline. Oubliez les tissus fins ou transparents, ils ne résisteront pas dans le temps.

Les tissus unis mettront en valeur les motifs de votre quilting et vous pourrez utiliser du fil de couleur contrastante pour plus d'effet.

Les tissus à motifs minimiseront beaucoup le travail de quilting mais dynamiseront le visuel général de votre plaid.

Encore une fois, c'est à vous de choisir en fonction du résultat souhaité. Il n'y a pas de bonne ou mauvaise solution, chacune à ses avantages et ses inconvénients.

2 – LE DOUDOU

J'adore utiliser le doudou (encore appelé teddy, minky ou douillette) comme dessous, notamment pour les plaids bébé. C'est chaud, extrêmement doux, souple et cocooning, un vrai régal. Néanmoins, cette matière est compliquée à quilter de par son élasticité et sa texture.

Personnellement, je ne réalise qu'un quilting partiel (plus d'informations page 77) quand je travaille cette matière sous peine de me battre avec des surplus de tissu disgracieux.

Astuce

Le doudou possède 2 côtés doux mais observez bien, l'un des 2 possède des fibres plus courtes et brillantes. C'est l'endroit. Ne vous trompez pas car l'autre côté à tendance à moins bien vieillir au fil des lavages.

3 – LE POLAIRE

Il est possible d'utiliser du polaire comme dessous, c'est peu couteux et bien chaud. Attention néanmoins, le polaire vieillit mal dans le temps et finit un jour ou l'autre par boulocher et perdre sa douceur. Je pense que je ne vous apprends rien, tout le monde a un vêtement en polaire dans son dressing. Certaines marques (Hilco par exemple) offrent des polaires de très grande qualité qui vieillissent bien mais sont plus couteux.

4 – LE MOLLETON, SWEAT OU JERSEY MATELASSÉ

L'utilisation de tissu stretch épais apporte beaucoup de douceur et de moelleux au quilt.

Le jersey matelassé est très agréable pour des réalisations pour bébé qui ne nécessitent pas forcément de quilter. Esthétiquement parlant, il n'est pas très joli de quilter un tissu qui est déjà matelassé.

Un sweat bouclette ou doublé polaire apportera de la chaleur supplémentaire mais aura tendance à raidir un peu le tout.

5 – MAIS ENCORE ?

La double gaze est un tissu tendance ces dernières années. Mais attention, c'est une matière fragile qui s'abime facilement. N'oubliez jamais qu'un plaid est un élément du quotidien qui est malmené. Je le déconseille ici.

LES BLOCS

Le patchwork est un assemblage d'éléments de même hauteur (ou largeur ou les deux) appelés « blocs ». Chaque bloc est lui-même un assemblage de petites pièces de tissu.

Il y a autant de type de blocs que l'imagination le permet, notre ami Buzz dirait tout à propos « vers l'infini et au-delà ».

Définir les pièces de tissu à couper

Pour créer un bloc, il va falloir identifier chaque pièce de tissu qui le compose en tenant compte des marges de couture pour les assembler entre elles.

Plus un bloc contient de pièces, plus son assemblage est long et minutieux.

LES BLOCS SIMPLES

J'appelle « bloc simple », un bloc composé uniquement de carrés ou rectangles. Ce sont des blocs faciles à concevoir et qui ne nécessitent pas de réaliser des gabarits préalables.

▶ Dans un premier temps, griffonnez sur un papier votre bloc de référence (comme il sera assemblé). Dans l'exemple suivant, chaque pièce de tissu composant le bloc mesurera [L/3] en largeur et [H/3] en hauteur une fois assemblé où L est la largeur du bloc et H sa hauteur

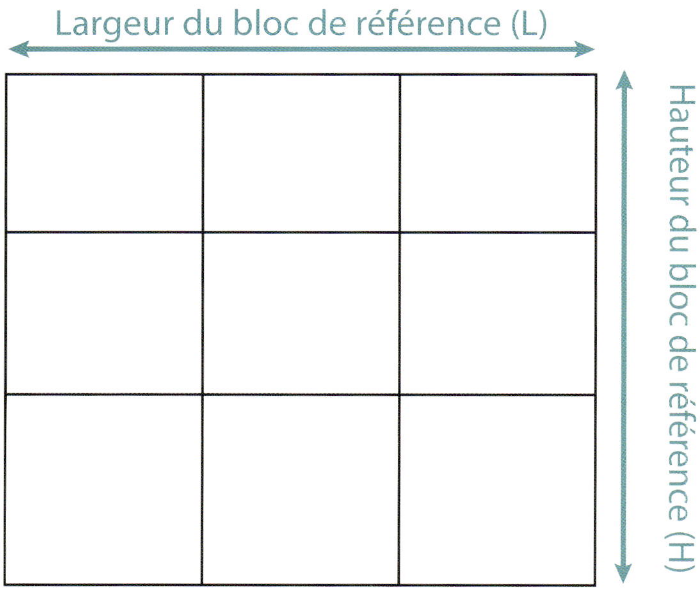

▶ Il faut ajouter les marges de couture. Repérez sur le schéma les futures coutures d'assemblage des pièces de tissus composant le bloc (pointillés à l'intérieur du bloc) ainsi que les coutures d'assemblage des blocs entre eux (pourtour du bloc).

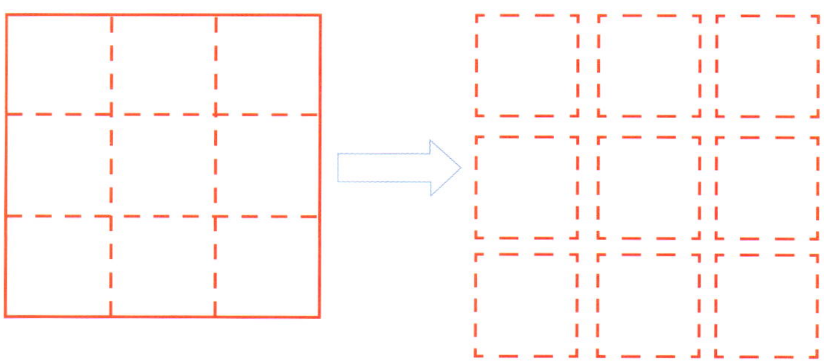

▶ J'aime travailler avec une marge de couture de 1 cm qui est simple à ajouter et facile à respecter. Dans l'exemple, il faudra donc couper 9 carrés auquel on ajoute 2 cm de marge en largeur et 2 cm de hauteur.

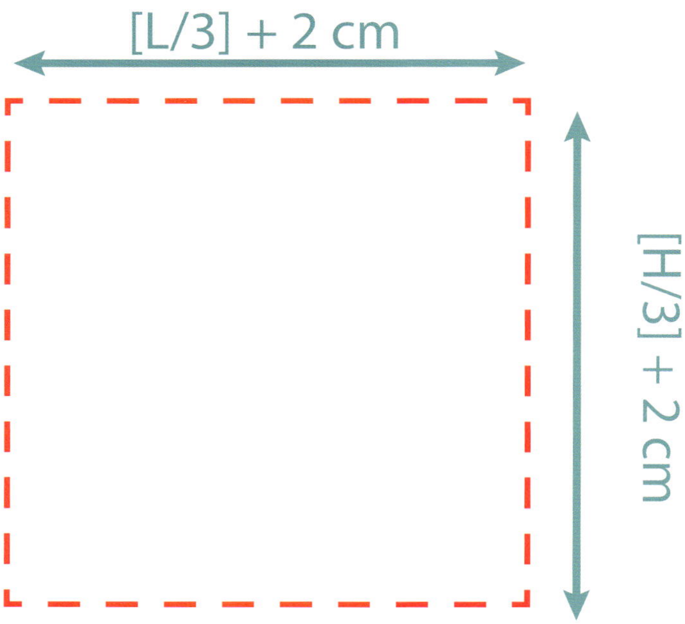

LES BLOCS COMPLEXES

J'appelle « bloc complexe » un bloc qui est composé de formes plus compliquées comme des triangles, des ronds...

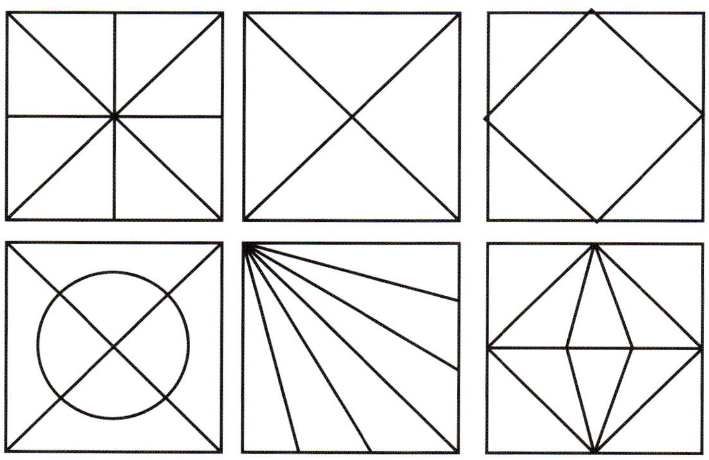

La réalisation d'un bloc complexe nécessite de réaliser des gabarits de coupe pour chaque élément qui le compose.

Fournitures :

- Règle
- Crayon
- 2 feuilles de papier Bristol à petits carreaux (à ajuster selon la taille de vot-e bloc).

MARCHE À SUIVRE

Voici le schéma du bloc renard que nous allons reproduire :

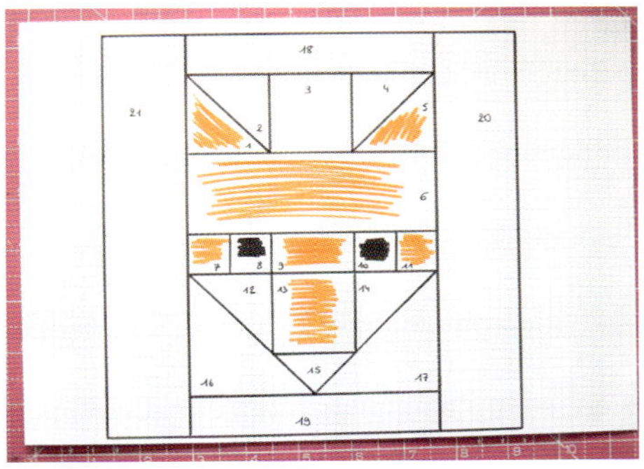

1

Tracez sur une feuille de papier Bristol le bloc en taille réelle. Ici, le bloc de référence fait 20 x 20 cm (dimensions une fois le bloc assemblé), ma feuille de Bristol doit donc faire au moins cette taille. Dans le cas contraire, scotchez plusieurs feuilles entre elles.

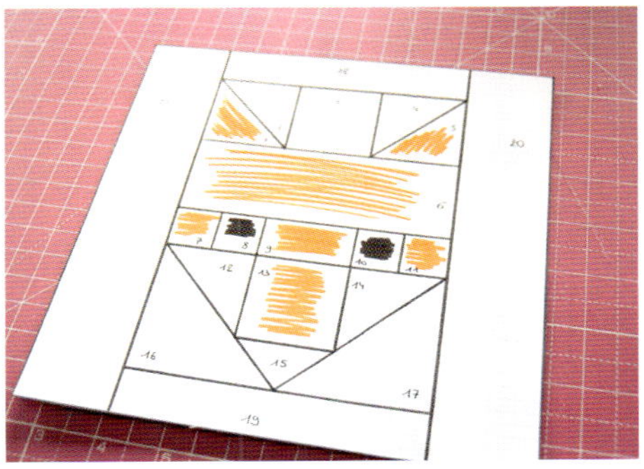

2

Numérotez chaque élément dans l'ordre chronologique de montage. Les blocs sont toujours composés de ligne ou colonne, identifiez-les. Vous assemblerez les éléments composant chaque ligne ou colonne que vous finirez par assembler entre elles.

3

Reproduisez de nouveau le schéma sur une seconde feuille de Bristol et découpez chaque élément.

4

Identifiez les pièces multiples et mettez-les de côté. Ne conservez qu'un seul gabarit par élément et notez dessus les numéros d'assemblage correspondants. Décalquez de nouveau chaque pièce en ajoutant autour les marges de couture (ici 1 cm soit 2 carrés du Bristol). Jetez les gabarits sans marge de couture, ils ne sont plus d'aucune utilité.

Astuce

Pour assembler facilement des pièces arrondies, il vaut mieux travailler avec des petites marges de couture (0,5 cm).

5

Utilisez les gabarits pour reporter le contour sur le tissu et numérotez sur l'envers. Attention à bien respecter le droit fil du tissu (voir page 9) pour couper les pièces sinon le bloc va se déformer, c'est très important !

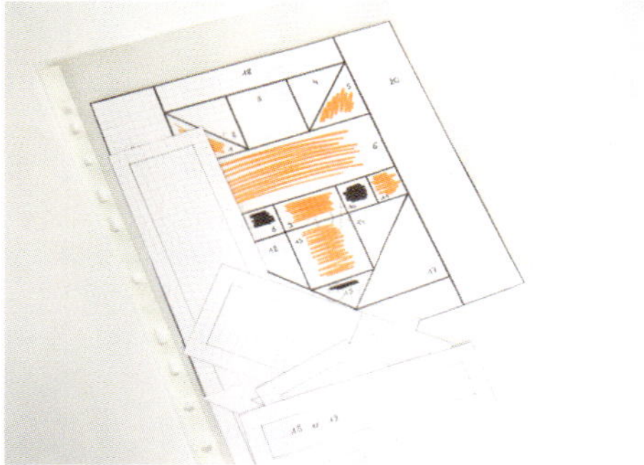

6

Une fois toutes les pièces de tissus découpées, rangez les gabarits et le schéma de montage dans une pochette plastique puis dans un classeur.

7

Assemblez les éléments composant une ligne (ou colonne) du bloc en respectant scrupuleusement la marge de couture choisie (des astuces page 16) et en écartant les surplus de couture au fer au fur et à mesure.

8

Finissez par assembler les lignes entre-elles et les bandes de pourtour (si vous avez choisi d'en ajouter). Épinglez précisément chaque raccord et cousez **sur** les épingles (plus d'informations page 14). Le bloc est terminé.

9

Sur l'envers, les surplus de couture sont correctement ouverts.

Astuce

Il existe dans le commerce des gabarits en acrylique. Vous pouvez les combiner entre eux pour créer des blocs originaux et personnalisés. Les marges de couture seront à ajouter après avoir reporté votre gabarit sur le tissu.

Les machines à découper comme la Brother Scan'n cut incluent des gabarits de blocs. Vous pouvez donc facilement et surtout rapidement l'utiliser pour découper les différentes pièces de tissus qui composeront votre bloc. Il n'y a pas plus précis et rapide.

Agencement

Il est possible de créer de nouveaux motifs en jouant sur la disposition des blocs dans le patchwork.
Prenons l'exemple d'un bloc composé de 2 triangles rectangles.
En jouant avec 2 tissus, on peut donc obtenir 3 blocs différents.

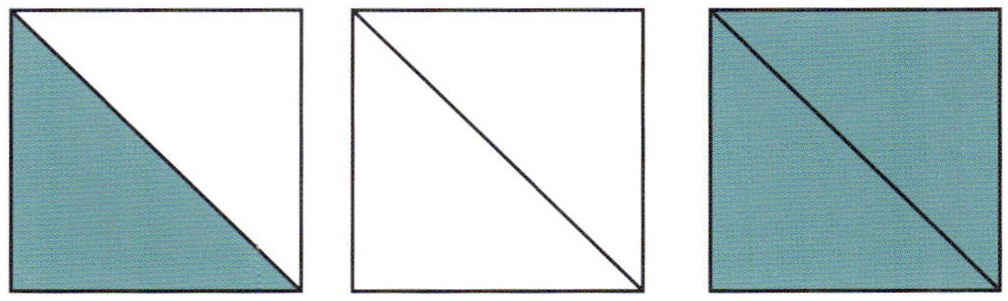

En modifiant l'agencement des blocs et leur sens, on obtient des figures classiques du patchwork :

Les chevrons

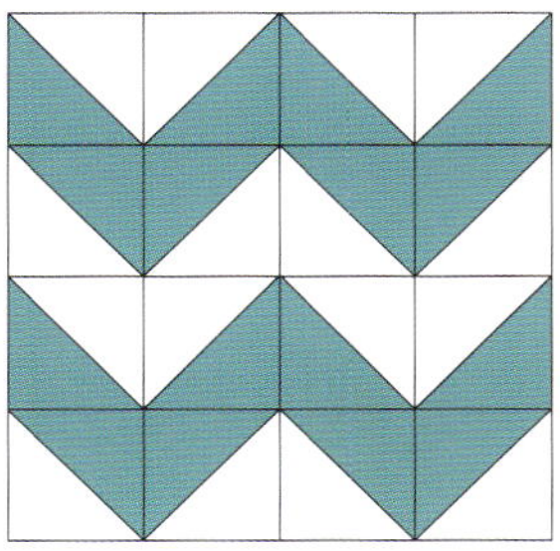

Les moulins

L'étoile en dent de scie

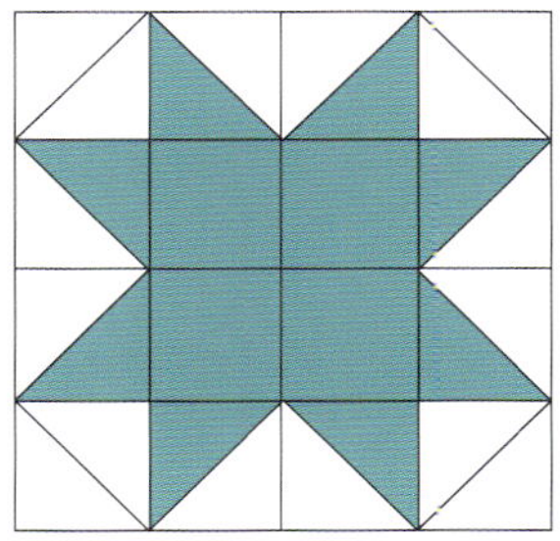

Le puzzle hollandais

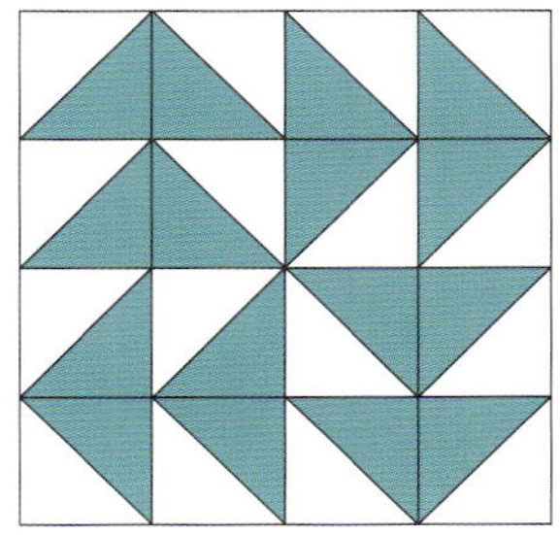

Les flèches

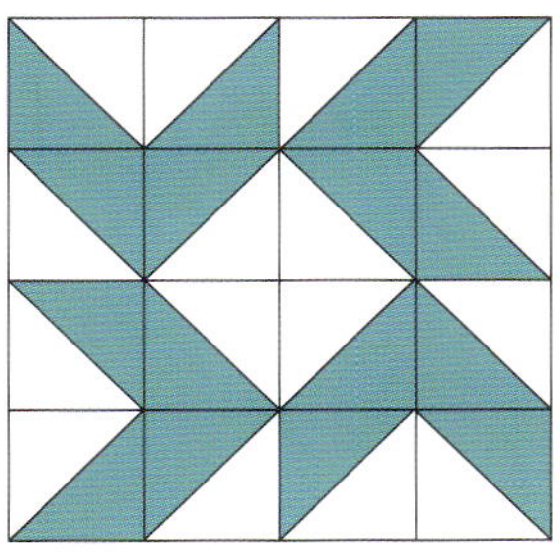

Le cœur

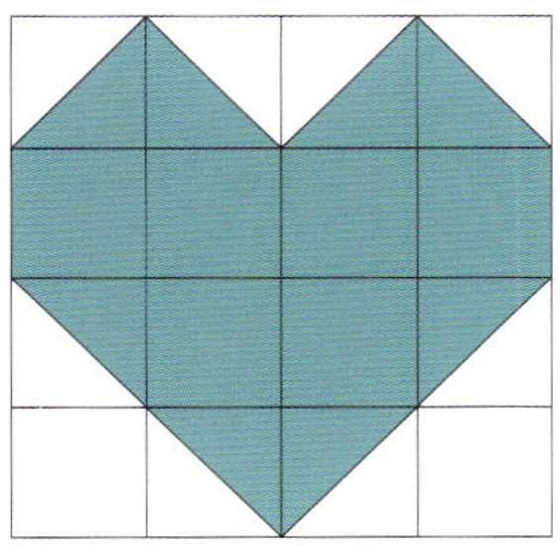

La feuille d'érable

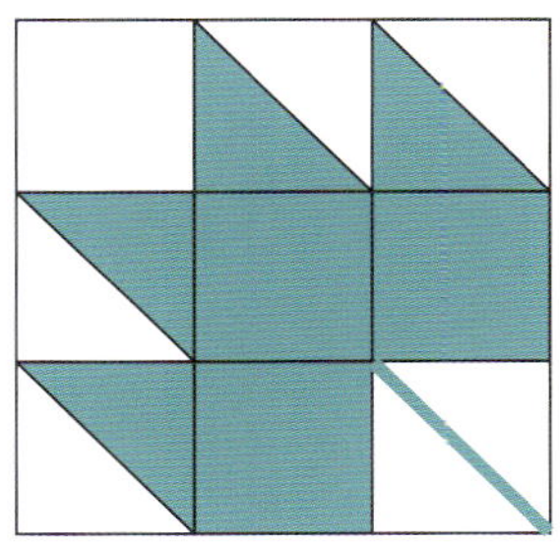

L'étoile de l'amitié

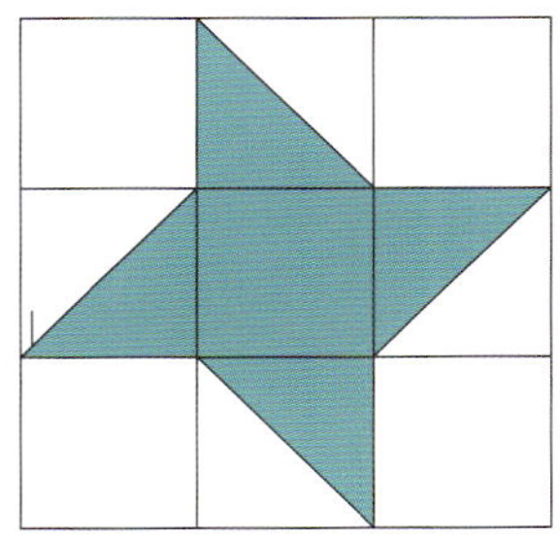

Focus sur le « design wall »

Il s'agit d'un support accroché au mur permettant de placer les blocs jusqu'à trouver le bon agencement. Les américaines utilisent un « Flannel Wall » ou « mur de flanelle » en français qui est un morceau de tissu de flanelle, molletonné et plaqué sur un support rigide (plaque de polystyrène, carton plume...). Les tissus en coton adhérent naturellement à la flanelle ce qui permet de les déplacer facilement, sans épingles. Un morceau de molleton (ou ouatine) peut remplacer la flanelle bien que l'adhérence soit moins forte.
Un modèle portatif composé uniquement de flanelle est plus facile à ranger. Il suffit de créer un système d'accroche et de le pendre à une tringle à rideaux le temps de réaliser l'agencement de blocs puis de le plier et le ranger.

ASSEMBLER SON PATCHWORK

Nous allons parler d'un sujet qui devrait vous intéresser si vous avez acheté le livre : le patchwork.

Je vous explique comment réaliser le top (dessus d'un quilt) en patchwork mais vous verrez dans le reste du livre que le patch se prête à bien d'autres utilisations.

Minute culture

Le patchwork est un assemblage de morceaux de tissu (appelés blocs) de couleurs et textures différentes pour former un nouveau morceau de tissu. (je vous en parle en long, en large et en travers à la page 41).

Le bloc de référence

Dans ce livre, j'appelle « **bloc de référence** » le bloc une fois assemblé qui sera reproduit autant de fois que nécessaire dans le patchwork. Ce bloc peut être un carré ou rectangle. Tous les blocs peuvent être différents (on parlera de « patch sampler ») mais ils doivent tous, une fois assemblés, faire la même hauteur (ou largeur ou les deux).

Voici une photo de 2 blocs distincts. L'un est un simple carré, l'autre est un assemblage de 4 carrés. Tous 2, une fois assemblés, sont de la même taille et ainsi pourront être cousus ensemble et former une ligne ou une colonne du patch.

LES BLOCS : combien ? De quelles dimensions ?

Avant de commencer, il va falloir réfléchir à la taille finale du patchwork voulue et définir ensuite la taille du bloc de référence ainsi que sa répartition.

• TAILLE DE L'OUVRAGE

Dans le domaine du quilt, le top est la couche de tissu supérieure. Cela peut être un simple tissu ou un patchwork.

Je vous propose quelques exemples de dimensions de top en fonction de l'usage que vous souhaiterez faire de votre plaid. Ces dimensions vous donneront :

– Solution 1 : un couvre-lit ayant la taille exacte du matelas qui aura un usage plus décoratif que pratique

– Solution 2 : une couverture qui retombera de chaque côté du matelas et vous permettra donc de border.

En cm	Lit bébé	Lit 1 personne	Lit 2 personnes		
			140 x 190	160 x 200	180 x 200
Solution 1 : le couvre-lit	60 x 120	90 x 190	140 x 190	160 x 200	180 x 200
Solution 2 : la couverture	120 x 150	150 x 220	200 x 220	220 x 230	240 x 230

Vous pouvez aussi réaliser des plaids beaucoup plus polyvalents et nomades qui pourront vous accompagner sur le canapé, dans la voiture, en camping...

En cm	Plaid bébé	Plaid enfant	Plaid adulte
Dimensions du top	100 x 100	110 x 140	140 x 180

Evidemment, ce ne sont que des exemples, l'avantage de la couture maison est que l'on peut faire exactement ce que l'on veut !

Dans notre exemple, nous allons partir sur un plaid bébé d'environ 100 x 100 cm.

• CHOIX DU PATCHWORK

Une fois la dimension finale du top choisie, il va falloir définir le type de patchwork et les blocs qui le composent.

Pour notre exemple, je vais partir sur un patchwork style « mur de briques » avec 2 types de blocs différents dont voici le schéma de montage.

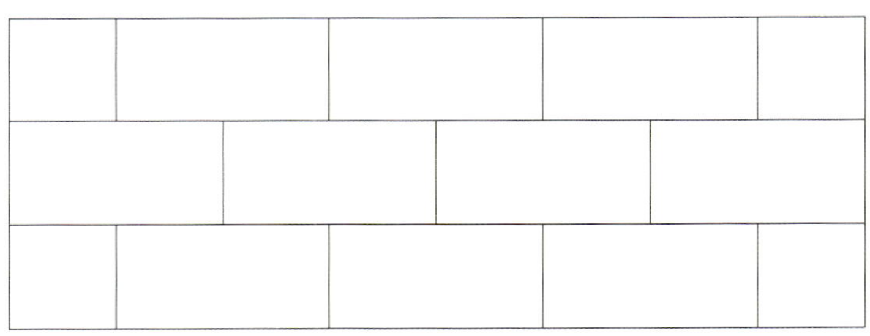

Conseil

Pour les débutants, je vous conseille de partir sur des blocs de taille raisonnable (plus de 15 cm) pour ne pas accumuler une charge de travail trop importante. En effet, plus vos blocs seront petits, plus ils seront nombreux et plus le travail de découpe et d'assemblage sera long.

Voici le schéma du patchwork et la réparation des blocs.

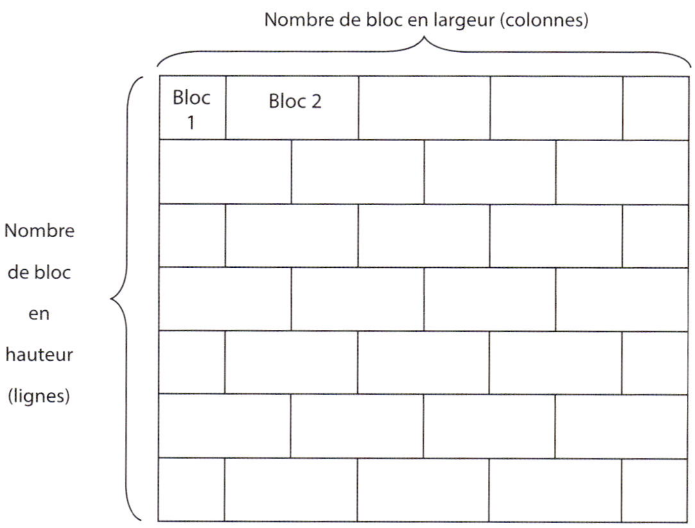

• NOMBRE ET DIMENSIONS DES BLOCS

Il va falloir sortir la calculette, ses notions de mathématiques et son schéma de montage.

Il faut commencer par calculer les dimensions des blocs de référence, nous verrons ensuite à leur ajouter les marges de couture.

> **Bloc de référence = bloc une fois assemblé, il ne tient pas compte des marges de couture nécessaires à l'assemblage des blocs entre eux (inter-blocs)**

Calcul de la hauteur du bloc :

$$\text{hauteur du bloc de référence} = \frac{\text{hauteur de mon plaid}}{\text{nombre de lignes}}$$

Pour rappel, le patchwork de notre exemple se compose de 7 lignes (composées de 4 à 5 blocs), la dimension finale du plaid est de 100 x 100 cm.

- Hauteur du bloc de référence : *100 / 7 = 14,2 cm*
  Je suis donc entre 14 et 15 cm de hauteur.
  Soit je pars sur 14 cm pour une hauteur totale de 98 cm (14 cm x 7 blocs), soit je pars sur 15 cm pour une hauteur totale de 105 cm (15 cm x 7 blocs).
  Je décide de conserver mon schéma initial et partir sur 7 blocs de 14 cm de hauteur.

Calcul de la largeur du bloc :

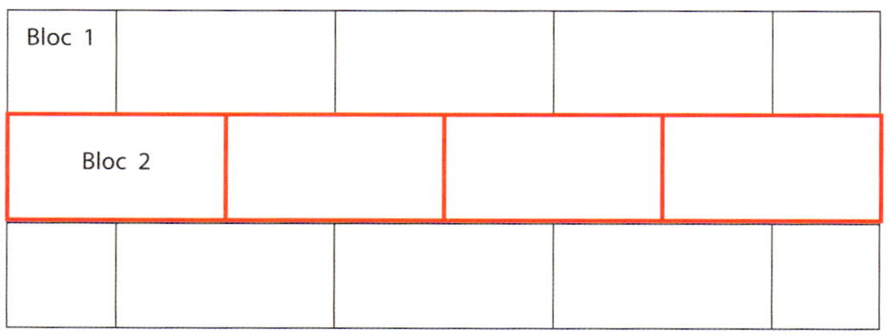

$$\text{largeur du bloc de référence} = \frac{\text{largeur de mon plaid}}{\text{nombre de blocs par ligne}}$$

Dans notre exemple, nous avons 2 largeurs de blocs.
Prenons l'exemple d'une ligne composée uniquement du même bloc (appelé bloc 2) :

- Largeur du bloc 2 : *100 / 4 blocs = 25 cm*
  Je pars donc sur une largeur de 25 cm pour le bloc 2.

Le calcul de la largeur du bloc 1 se déduit donc facilement à partir du schéma. Toutes les lignes du patchwork font la même largeur.

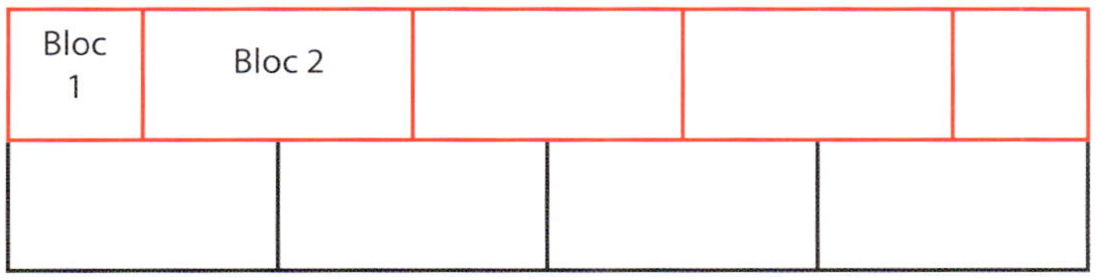

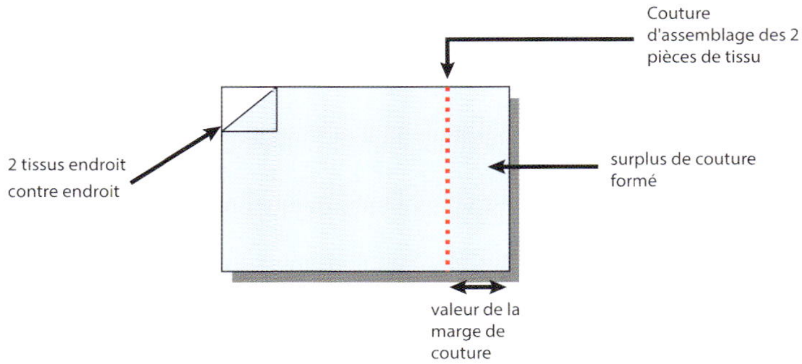

Largeur du plaid = 100 cm

= (2 blocs x largeur du bloc 1) + (3 blocs x largeur du bloc 2 (calculée plus haut))

= (2 blocs x largeur du bloc 1) + (3 x 25 cm)

= (2 x largeur du bloc 1) + 75

Donc largeur du bloc 1 = (100 - 75) / 2 = 12,5 cm.

Nous allons reprendre le schéma de notre patchwork et nous allons ajouter les coutures d'assemblage des blocs entre eux (coutures intérieures) et les coutures de finition du quilt (coutures extérieures).

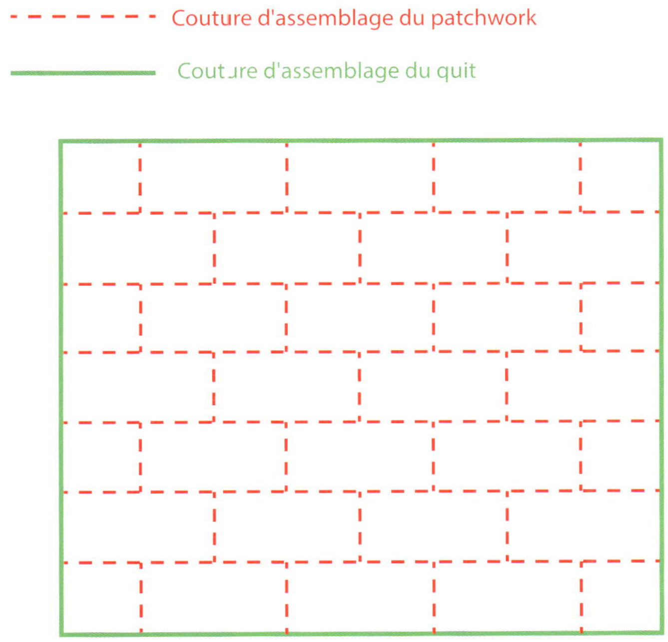

Remarque

La création d'un patchwork composé de formes simples (carrés ou rectangles), tous identiques, facilite grandement le calcul. Ne soyez pas effrayé par mes petits calculs précédents, tout est logique.

Notre patchwork sera donc composé de :

- **8 blocs de référence 1 de 14 cm (hauteur) x 12,5 cm (largeur)**
- **24 blocs de référence 2 de 14 cm (hauteur) x 25 cm (largeur)**

• ET ON COUPE QUOI AU FINAL ?

Il faut désormais ajouter les marges de couture nécessaires à l'assemblage des blocs entre eux (inter-bloc). Pour rappel la marge de couture est le surplus de tissu entre le bord brut et la couture d'assemblage de plusieurs tissus (où l'aiguille pique le tissu). Dans ce livre, les marges de couture sont de 1 cm (sauf indication contraire).

Voici l'exemple des 2 premières lignes type une fois les blocs dissociés :

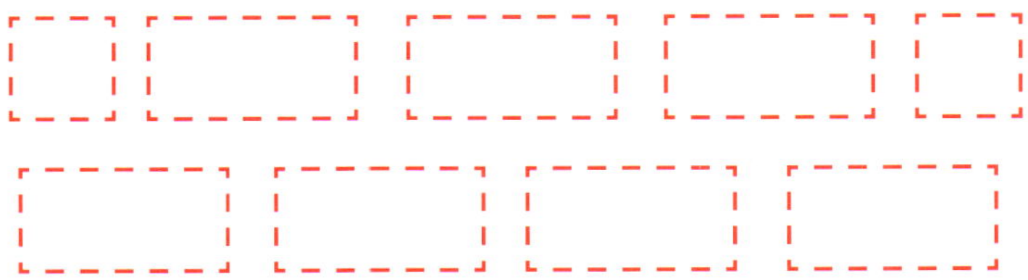

Et en détail :

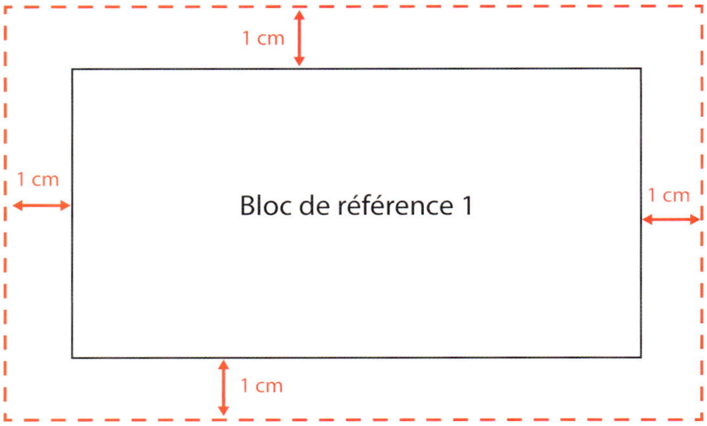

Nous allons ajouter 1 cm sur le pourtour de chaque bloc de référence. Il va donc falloir couper :
– 8 rectangles de 16 cm (hauteur) x 14,5 cm (largeur)
– 24 rectangles de 16 cm (hauteur) x 27 cm (largeur)

Remarque

Dans le cas de blocs complexes (voir page 42), les marges de couture ont déjà été ajoutées lors de leur création.

Respect des marges de couture

Une différence notable entre un patch « bof » et un patch « de la mort qui tue » est la qualité des raccords entre chaque bloc. N'ayez crainte, avec un soupçon de minutie et une bonne louche d'épingles, avoir de beaux raccords devient un jeu d'enfant.

Marge de couture respectée = raccords de toute beauté

La règle d'or est le respect constant de la marge de couture. Une fois choisie, vous devrez être minutieux tout au long de votre projet, de la conception des blocs à l'assemblage du patchwork. Dans ce livre, j'utilise **une marge d'1 centimètre** (sauf indication contraire).

Traditionnellement en patchwork, la marge de couture utilisée est de 0,6 cm. Mais avouez qu'ajouter 0,6 cm sur des pièces de tissus n'est pas chose aisée sans matériel dédié. Je préfère utiliser une marge de 1 cm qui :

- sera plus facile à ajouter sur sa pièce de tissu (une règle classique fait l'affaire).
- facilitera le calcul des dimensions finales du patch (on fait reposer ses méninges).

Remisez à la poubelle les réflexions comme « bahhh, ça doit faire 1 cm », « hum, à vue d'œil ça doit le faire ». Non non non, exactitude et rigueur sont de mise ici. Consultez mon astuce à la page 16.

Assemblage du patchwork

• MATÉRIEL

Vous retrouverez plus d'informations sur le fil à utiliser et sur le matériel réservé au patchwork à la page 12.

MARCHE À SUIVRE

À part quelques cas particuliers (je pense au crazy patch (page 178) ou log cabin (page 124)), tous les patchworks se composent de lignes ou de colonnes et s'assemblent sur le même schéma.

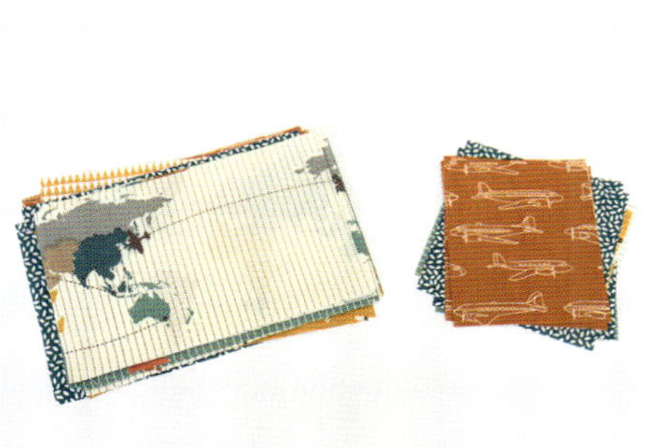

1▲

Coupez les différentes pièces de tissus dont les dimensions ont été calculées précédemment.

2▲

Agencez les blocs sur un lit ou au sol. Continuez jusqu'à trouver un résultat plaisant. Prenez **une photo** du résultat. Vous pouvez utiliser un « design wall » (plus d'informations page 45). Revenez-y régulièrement jusqu'à trouver l'agencement idéal.

3▲

Rassemblez les blocs par ligne en conservant leur ordre.

4▲

Pliez chaque tas en deux.

5▲

Superposez vos tas pliés en deux dans l'ordre de montage.

6▲

Prenez les 2 premiers blocs d'une ligne. Vérifiez sur la photo prise à l'étape 2 que l'ordre est bon. Positionnez les blocs endroit contre endroit et épinglez.

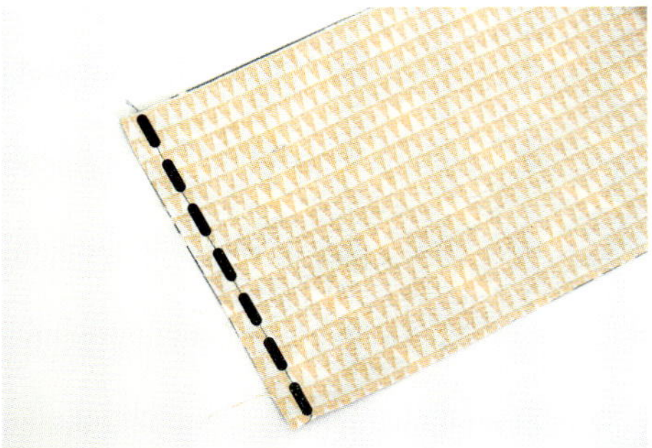

7▲

Cousez à 1 cm du bord **sur** les épingles. N'oubliez pas de faire des points d'arrêt en début et fin de couture.

8▲

Positionnez le 3e bloc de la ligne et réitérez les étapes 6 et 7.

9▲

Continuez avec tous les blocs de la ligne.

10▲

Écrivez au dos du premier bloc le numéro de la ligne.

11▲

Faites de même avec toutes les lignes du patch.

12▲

Ouvrez toutes les coutures au fer à repasser. C'est une étape cruciale pour avoir des raccords parfaits.

13▲

Placez 2 lignes de blocs adjacentes endroit contre endroit. Vérifiez avec la photo prise à l'étape 2 que l'ordre et le sens sont bons. Épinglez.

14▲

Si vous avez des raccords, superposez les coutures et épinglez chaque surplus de couture.

15▲

Sur mon patch « mur de briques », je n'ai pas de raccords directs mais des raccords une ligne sur deux. Je fais donc des marques à la craie au niveau du raccord en m'aidant de ma règle.

16▲

Mes marques à la craie me permettent de savoir où positionner les coutures d'assemblage de la ligne du dessous.

17▲

Cousez à 1 cm **sur** les épingles. C'est l'astuce pour avoir des raccords au top. Il est possible que vous deviez tirer légèrement le tissu ou au contraire donner du mou pour que les tissus s'assemblent parfaitement.

18▲

Pour coudre facilement sur les épingles, je tends légèrement mon tissu avant qu'il ne passe sous le pied de biche.

19 ▲

Ouvrez la couture au fer à repasser. Reproduisez les étapes 13 à 18 avec toutes les lignes de blocs.

20 ▲

Le patchwork est terminé.

Bande de pourtour

Pour certains projets, nous ne souhaitons pas que la bande de finition (page 83) recouvre une partie du patch.
Pour cela, il suffit d'assembler autour du top une bande de pourtour qui sera recouverte intégralement (ou partiellement) par la bande de finition. Elle ne sera donc pas visible et ne sert que de support.

La bande de pourtour doit faire la largeur de la bande de finition une fois cousue si vous souhaitez un recouvrement total.

Le montage se fait ainsi :

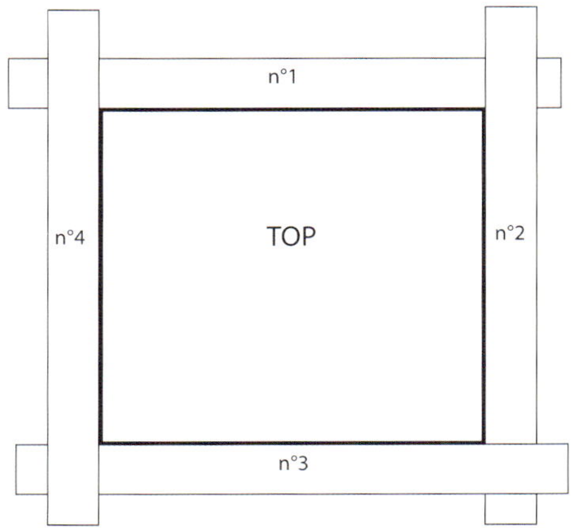

Une fois les 4 bandes cousues, il suffit de couper le tissu excédent aux 4 angles.

Terminez par coucher les coutures du côté de la bande de pourtour.

Astuce

Vous pouvez jouer avec la largeur de la bande de pourtour pour la rendre totalement invisible (dans ce cas, elle doit faire exactement la même largeur que la bande de finition une fois cousue) ou laisser un liseré visible (la bande de pourtour doit être plus large que la bande de finition).

LES APPLIQUÉS

Les appliqués méritent une partie du livre rien qu'à eux. Indissociables du patchwork traditionnel, les appliqués permettent de personnaliser le plaid en utilisant des chutes de tissus pour créer des motifs et même des scénettes très détaillées.

CHOISIR SON MOTIF

La création d'un appliqué débute par le choix d'un motif. Vous pouvez le créer ou trouver des idées sur internet. Il est important de choisir des dessins composés de peu d'éléments différents, simples et relativement grands pour être facilement reproduits. Quelques exemples sont disponibles sur la page patron.

Les appliqués peuvent aussi être composés d'une seule forme (étoile…), d'une lettre… Vous pouvez sans soucis appliquer le prénom du destinataire sur votre top par exemple.

Il existe sur le marché des pochoirs spécifiquement conçus pour cet usage (de la marque Mademoiselle Toga par exemple). Ils ont l'intérêt de pouvoir être réutilisés à l'infini. Vous pouvez aussi trouver de l'inspiration dans des livres, magazines, sur internet et si vous savez dessiner, faites-vous plaisir.

LES APPLIQUÉS À LA MACHINE

Quel point choisir ?

La couture d'un appliqué se fait traditionnellement avec un point de bourdon. Il s'agit d'un point zig-zag très serré. J'utilise régulièrement les points 11-12 (zig-zag) et 37 à 45 par exemple.

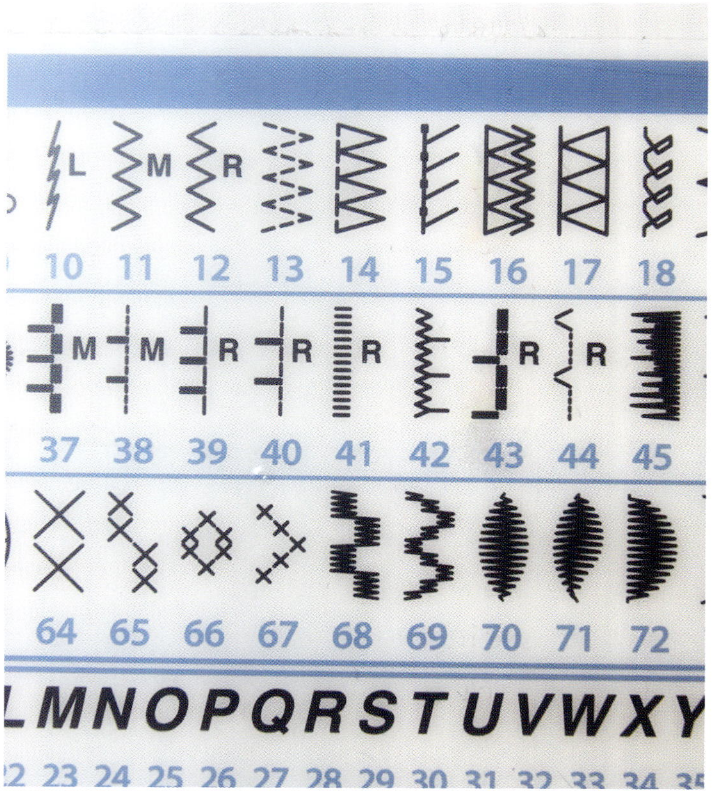

Il est important de s'attarder quelques minutes sur le choix du point et les réglages associés. Un point zig-zag trop large ne maintiendra pas correctement votre appliqué qui s'effilochera avec le temps. Et puis avouons que ce n'est pas très beau, on oublie !

Un bourdon trop serré va apporter un surplus de matière, de la rigidité et un risque de création de plis. On oublie aussi !

Il faut choisir un point ni trop large ni trop serré. Personnellement, j'aime ce réglage où la couture est un peu aérée. C'est une histoire de goût, cherchez le réglage qui vous plait le plus.

Votre machine dispose peut être de points fantaisies dédiés aux appliqués. Consultez la notice pour en savoir plus.

Si le tissu ne s'effiloche pas ou qu'il est bien fixé au préalable sur le tissu (thermocollant pas exemple), que l'ouvrage auquel vous le destinez ne sera pas lavé dans le futur, vous pouvez effectuer une surpiqûre au point droit à quelques millimètres du bord. Cette technique s'emploie par exemple pour les appliqués en simili-cuir ou en feutrine.

Quelle couleur de fil choisir ?

Le choix de la couleur du fil utilisé dépend du rendu voulu. Voici un exemple de couture avec un fil de la couleur du support. On voit que l'appliqué se fond dans le décor et les petites imperfections sont masquées.

Utiliser un fil de la couleur de l'appliqué apporte plus de détails et souligne la forme. C'est ce que j'utilise personnellement.

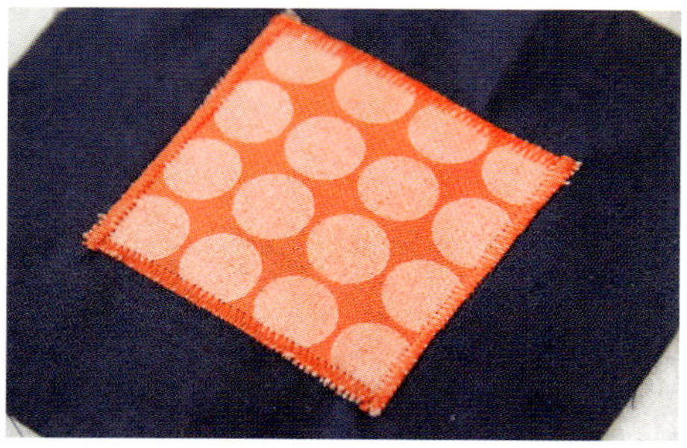

L'utilisation d'un fil contrastant apporte de la fantaisie. Néanmoins, soyez au top de la couture car tous les défauts sont mis en valeur.

Quelques astuces :

La règle d'or pour une jolie couture est la position du pied de biche.

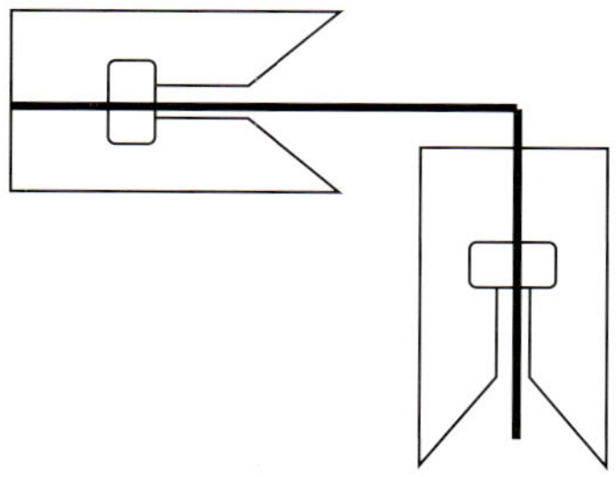

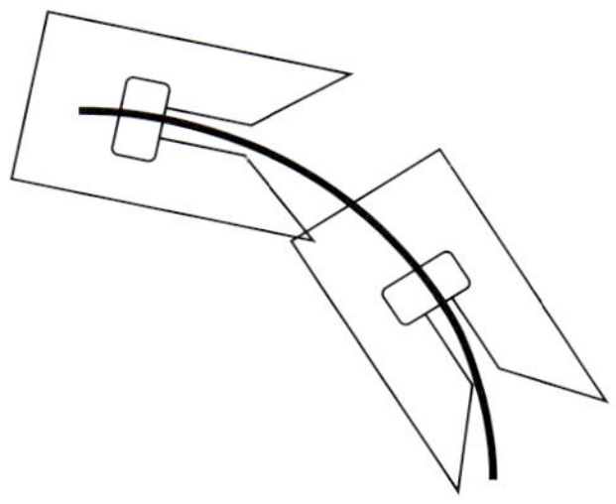

La régularité du point de bourdon dépend entièrement du positionnement du pied de biche. Ce dernier doit toujours suivre la forme de l'appliqué. Il faut donc régulièrement piquer l'aiguille dans le tissu, lever le pied de biche, faire pivoter le tissu, rabaisser le pied de biche, reprendre la couture et ce, parfois, tous les **3-4 points**.

L'endroit où l'on pique l'aiguille avant de faire pivoter le tissu est primordial et doit être réfléchi sous peine de créer des « trous » dans la couture. Le point rouge des schémas suivants illustre l'endroit où l'aiguille doit être piquée avant de pivoter le tissu.

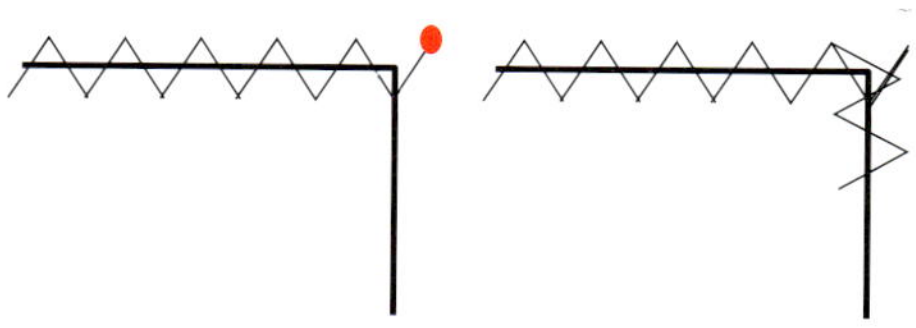

La couture des courbes nécessite un peu plus de minutie et de patience.

L'endroit où planter l'aiguille avant de faire pivoter le tissu dépend du sens de la courbure. Pour un bel arrondi, il ne faut pas hésiter à bouger le tissu tous les 3-4 points.

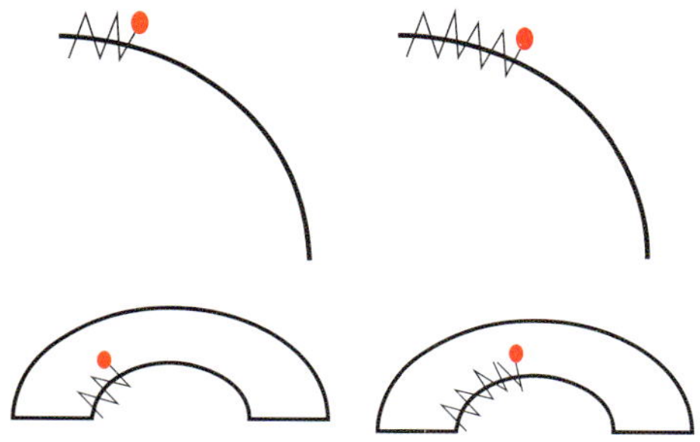

Les machines sont parfois vendues avec un pied spécial appliqués qui permet de coudre facilement sur le bord du tissu.

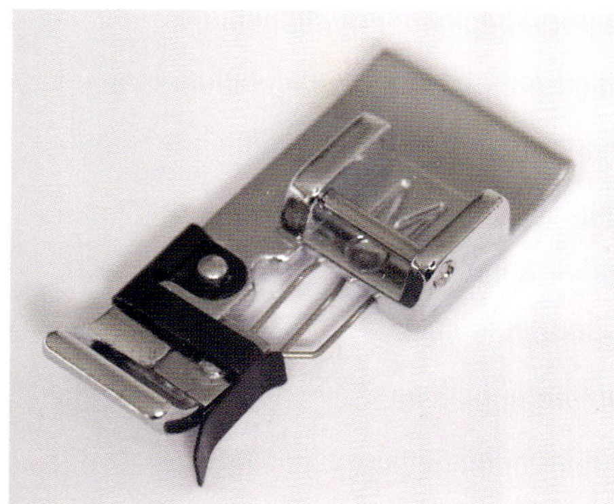

MARCHE À SUIVRE

Fournitures :

- Le motif de l'appliqué à reproduire
- Des chutes de tissu
- Du thermocollant double face (Vliesofix de la marque Vliesline par exemple) ou de la colle à tissu non poisseuse.

DIFFICULTÉ : 3/5

1

Décalquez le dessin choisi puis isolez chaque pièce le composant. Identifiez l'ordre de superposition des pièces. Ici les ailes vont être superposées au corps de l'oiseau. J'ai donc décalqué la forme complète du corps sans tenir compte des ailes.

2

Prenez vos tissus et collez-y sur l'envers au fer un morceau de thermocollant double face (la semelle du fer est en contact avec le papier protecteur du thermocollant).

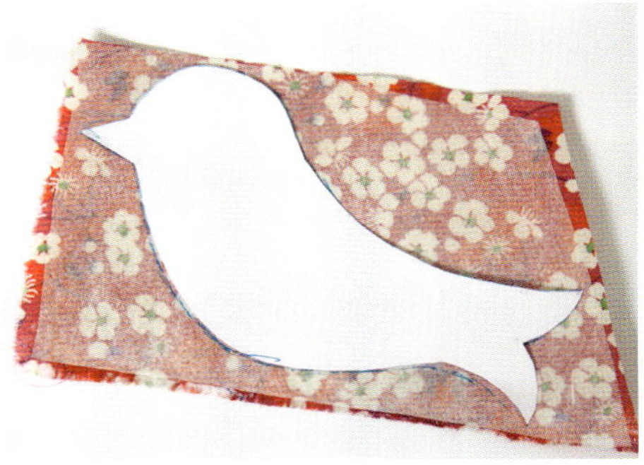

3

Décalquez la forme au revers du tissu en la retournant pour qu'elle soit dans le bon sens côté endroit du tissu. Découpez le long du tracé avec des ciseaux de précision.

4

Faites de même avec toutes les pièces composant l'appliqué.

5

Décollez délicatement le papier protecteur du thermocollant pour laisser apparaitre la colle à chaud.

6

Déposez la première pièce sur le tissu, colle contre le support et donnez un coup de fer (sans vapeur). Sinon vaporisez de la colle à tissu.

7

Répétez les étapes 5 et 6 avec les autres pièces composant l'appliqué, dans le bon ordre de superposition.

8

Commencez à coudre délicatement le long d'une pièce de l'appliqué. L'aiguille doit alternativement piquer à raz du tissu puis sur le tissu.

9

La première pièce est fixée.

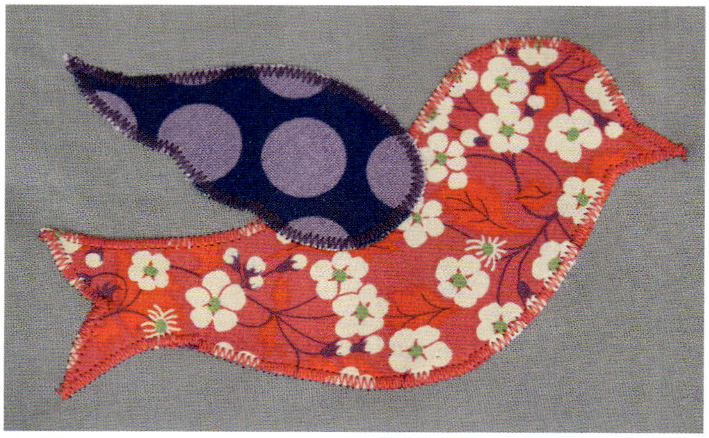

10

Répétez les étapes 7 à 9 avec les autres pièces de l'appliqué en changeant la couleur de fil au besoin.

11

La couture doit être jolie à l'envers du tissu.

LES APPLIQUÉS TRADITIONNELS

Cette technique est au patchwork ce que le chocolat est aux cookies. Elle consiste à faire un petit repli autour de chaque pièce de tissu composant l'appliqué puis de les coudre à la main avec un point invisible.

Fournitures :

- Des chutes de tissu
- Le motif de l'appliqué
- Du fil assorti
- Des aiguilles à appliqués (j'utilise des Clover de taille 9). Elles sont fines et très pointues
- Un support mou et dense (j'utilise une feuille de feutrine de 4 mm d'épaisseur)
- Un outil fin et pointu comme un stylet en plastique, une aiguille à tapissier ou à tricoter

DIFFICULTÉ : 3/5

MARCHE À SUIVRE

1

Choisissez le motif et découpez les éléments le composant. Identifiez l'ordre de superposition des pièces de tissu. Le pied du champignon sera cousu en premier, j'ai donc modifié sa forme pour la rendre pleine.

2

Reproduisez les formes sur le recto des tissus. Attention de retourner le gabarit pour que la pièce soit dans le bon sens sur l'endroit.

3

Découpez autour des pièces à 2-3 mm du tracé. Utilisez des ciseaux de précision.

4

Crantez légèrement les arrondis et les angles en s'arrêtant 1 mm avant le trait.

5

Disposez la forme sur un support épais, mou et dense, envers vers vous. J'utilise de la feutrine épaisse.

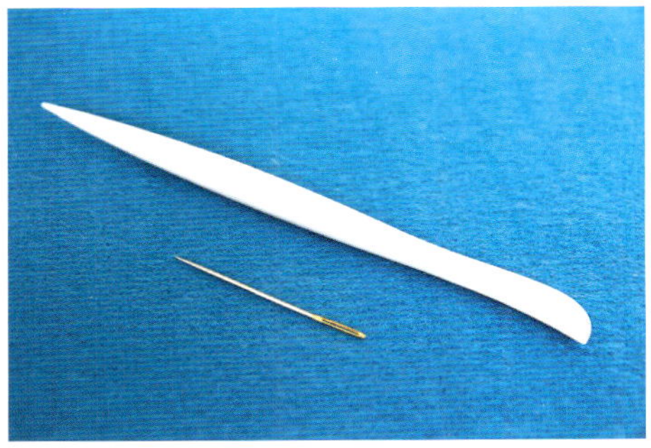

6

Prenez un objet pointu un peu arrondi comme un stylet, une aiguille à tapissier ou à tricoter. J'utilise une spatule de la marque Clover qui est absolument géniale.

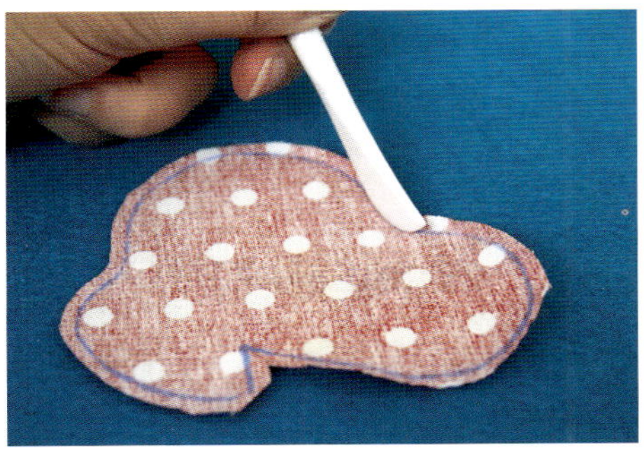

7

Suivez le tracé en appuyant fortement avec l'objet pointu.

8

Les bords du tissu forment naturellement un rentré.

9

Répétez les étapes 7 et 8 avec toutes les pièces de tissu.

10

Épinglez la 1ère pièce formant l'appliqué sur le support, rentré vers l'intérieur.

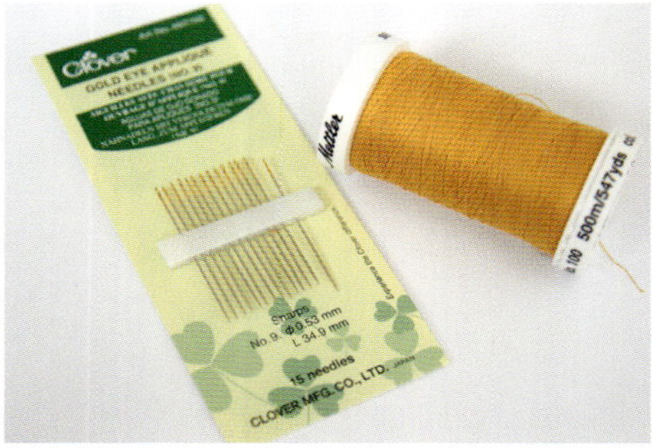

11

Prenez une aiguille à appliqué et du fil de la couleur du tissu.

12

Cousez l'appliqué avec un point invisible (plus d'information page 19)

13

Pour plus de facilité, je maintiens le rentré de tissu avec mon pouce.

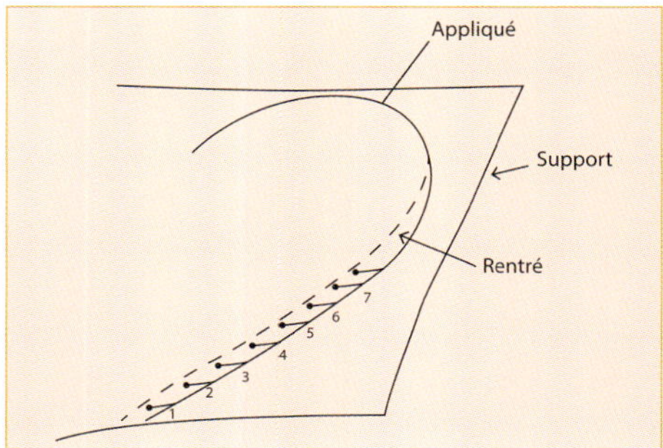

14

Voici un schéma explicatif. Je réalise un point invisible mais je me permets de piquer légèrement sous mon motif et je ressors dans le pli du tissu.

15

Le pied du champignon est fixé.

16

Épinglez la seconde pièce de l'appliqué.

17

Répétez les étapes 11 à 15.

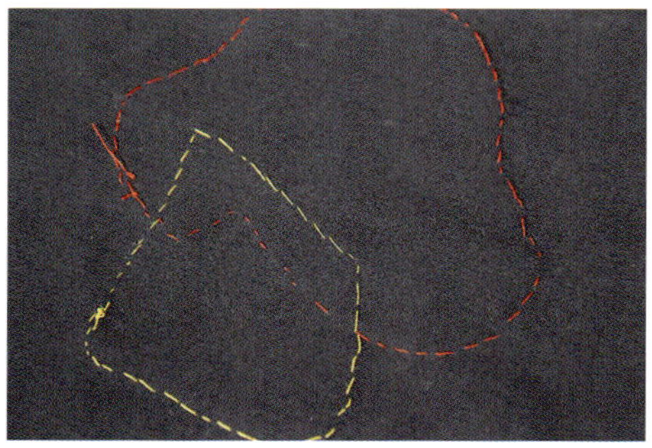

18

Voici ce que ça donne côté recto du tissu.

19

J'ai finalisé ma maison champignon avec du flex (plus d'informations page suivante).

PERSONNALISER

Hormis les appliqués dont nous avons parlé précédemment, il existe bien d'autres méthodes pour personnaliser une création. Je vous présente celles que j'utilise le plus fréquemment.

• LE FLEX

Le flex est une feuille de plastique, qui se découpe au cutter ou aux ciseaux et se colle sur un tissu à l'aide d'un fer à repasser. Il s'apparente au flocage des maillots de sport. Il en existe de nombreuses variétés (classique, pailleté, métallisé, velouté) pour se prêter à toutes vos créations. Une fois fixé, le flex ne bouge plus et peut passer à la machine à laver.

Fournitures :

- Des feuilles de flex (vendues à l'unité ou au mètre. J'utilise les produits de la marque K-sign.)
- Une feuille de papier sulfurisé
- Un fer à repasser

DIFFICULTÉ : 1/5

1 ▲

Le dessus du flex est le côté du plastique de protection (le plus lisse et brillant). Découpez le motif dans le flex. Vous pouvez le tracer au verso (côté rugueux et mat). Attention de tracer les lettres en miroir afin qu'elles soient dans le bon sens une fois appliquées sur le tissu. J'ai utilisé ici une machine à découper.

2 ▲

Placez le motif sur le tissu, face rugueuse contre le tissu.

3 ▲

Recouvrez d'une feuille de papier cuisson et respectez la chaleur et le temps de pose du fer à repasser (sans vapeur).

4 ◀

Laissez refroidir et décollez délicatement la feuille transparente de protection. Si le motif se décolle du tissu, redonnez un coup de fer en protégeant avec le papier sulfurisé.

Les machines à découper sont des petits bijoux de technologie qui permettent de découper n'importe quel motif dans le flex avec une précision chirurgicale. De votre ordinateur ou directement de la machine, choisissez votre motif, affinez le tracé au besoin et lancez la découpe. Je travaille avec la Scan'n cut CM900 de la marque Brother que je trouve déconcertante de facilité et d'efficacité. C'est une pure merveille qui a été pensée dans les moindres détails. Elle est aussi à l'aise dans la découpe de papier, de flex ou encore de tissu.

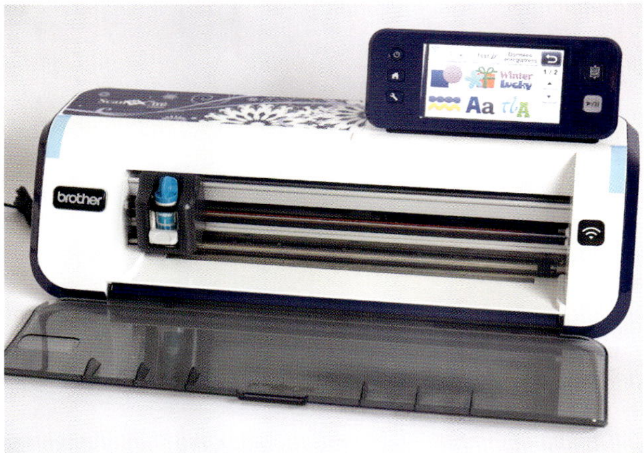

• LE TISSU À IMPRIMER

Relativement peu connu, le tissu à imprimer s'achète en mercerie sous les marques Prym ou Cottonjet. Il s'agit de coton clair, collé sur un support plus rigide permettant de passer dans une imprimante domestique (à jet d'encre uniquement). Il vous suffit d'imprimer directement le motif ou photo sur le tissu et de laisser sécher. Une fois le support décollé, vous pouvez coudre le tissu.

Par expérience, je dois dire que l'encre tient assez bien au lavage, j'avais utilisé cette technique pour personnaliser un tee-shirt pour la fête des pères, il a été lavé et relavé, les photos sont un peu estompées mais elles sont toujours là. Utilisé dans le cadre d'un patchwork, il vous permettra d'intégrer facilement des photos ou portraits à votre ouvrage.

Remarque

De nombreuses autres méthodes de personnalisation peuvent être employées comme la broderie à la main ou machine, l'ajout de perles, de boutons, de galons...

LES MOTIFS À QUILTER

Si vous souhaitez quilter votre ouvrage (à la main ou à la machine), c'est à cet instant qu'il faut le décider. Il est temps de dessiner les motifs sur le top qui seront par la suite quiltés. Une fois le quilt sandwich fait, ça sera trop tard. C'est bien beau de vouloir quilter, mais je quilte quoi ?

Petit rappel

Quilter est l'action de surpiquer les 3 épaisseurs de tissus qui composent un quilt à savoir le top (tissu du dessus uni ou patchwork), le molleton et le dessous.

Ce n'est en effet pas toujours facile de trouver le bon motif qui mettra en valeur le top sans le surcharger ou le rendre illisible. Je vous montre quelques exemples qui peuvent vous inspirer mais évidemment il y a bien d'autres possibilités.

Le quilting doit mettre en valeur le top, pas prendre le dessus.

Attention

Un quilting dense donne un ouvrage peu mœlleux et douillet.

1 – CHOISIR SON MOTIF

Les blocs simples

Voici quelques exemples de motifs à quilter si vous avez opté pour un patchwork composé de blocs simples (carrés ou rectangles).

Le Quilt en losange : apporte une touche rétro et présente le motif classique du matelassage.

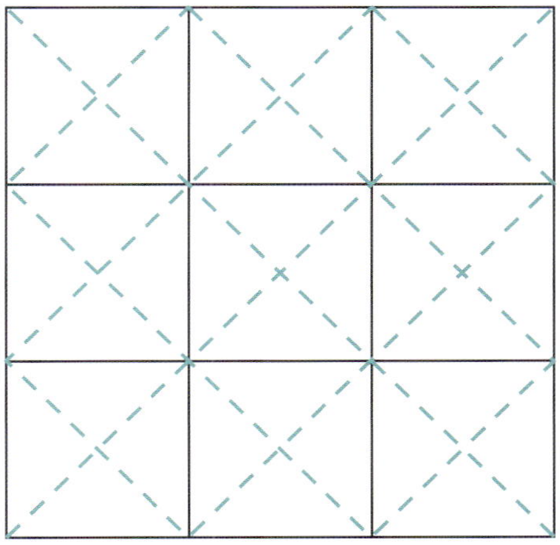

Le Quilt linéaire : met en valeur la linéarité du patch.

Le Quilt à motifs : apporte de la fantaisie et consiste à dessiner un ou plusieurs dessins à l'intérieur de chaque bloc ou par lot de plusieurs blocs. Néanmoins, attention à ne pas trop surcharger le quilt, d'autant plus si vous avez utilisé des tissus à motifs pour réaliser le top.

Mon conseil : des motifs simples sont plus lisibles et plus faciles à reproduire.

Le Quilt « piqué-libre » : consiste à faire des formes aléatoires en se laissant guider par son inspiration ou par des motifs pré-dessinés sur le top(voir page 78).

Les blocs complexes

Quand on quilte un patchwork composé de blocs complexes, il faut toujours garder à l'esprit de ne pas le surcharger.

Prenons l'exemple d'un bloc composé de bandes.
Soit vous mettez en valeur le motif du bloc en quiltant le long des coutures d'assemblage. Votre motif sera donc reproduit sur le dessous. Attention, cette technique n'accepte pas l'erreur, il faut être bien régulier et suivre les coutures d'assemblage parfaitement.

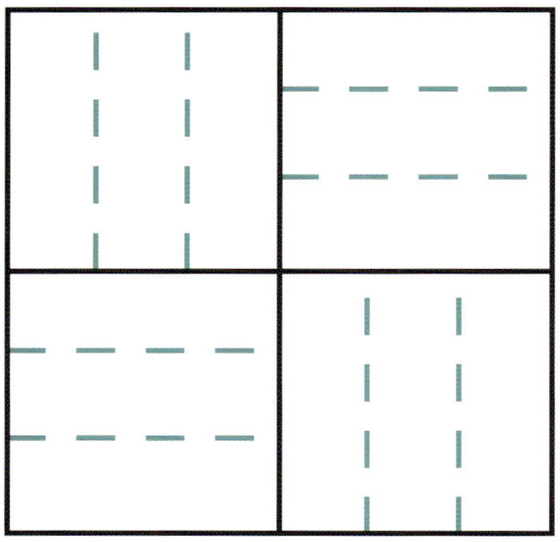

Il est aussi possible de mettre en valeur le pourtour du bloc.

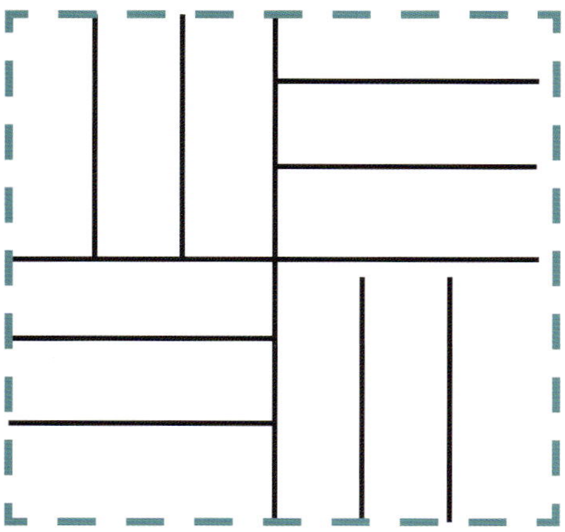

Veillez à ne pas ajouter de motif supplémentaire ou contrastant qui viendrait casser la lecture du bloc et le surchargerait.

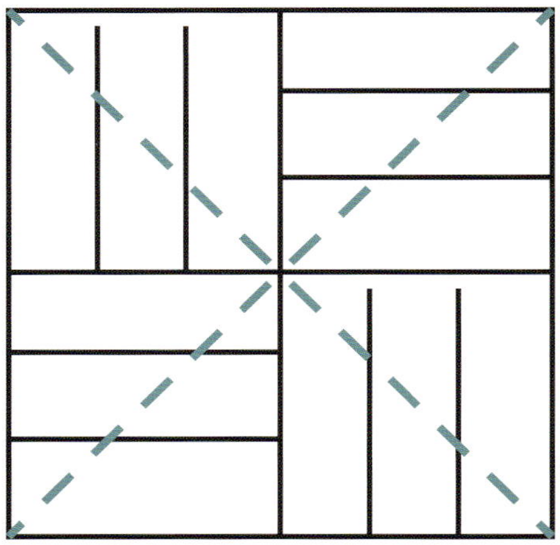

2 – DESSINER SON MOTIF

Une fois le motif choisi, vous pouvez le reporter sur le top. Il faut veiller à faire cette action avant la création du quilt sandwich. Et une fois le quilt épinglé et molletonné, le tracé des motifs deviendra compliqué.

Le choix de l'outil pour tracer les motifs est important. Le tracé doit être suffisamment lisible, durable mais facilement effaçable une fois le quilting terminé.

Personnellement, j'utilise le crayon Trickmarker de la marque Prym. Ce feutre de couleur violet s'efface à l'air en 2 jours environ. Il ne laisse aucune trace sur les tissus, même les foncés (c'est l'un des seuls). Néanmoins, l'utilisation de ce crayon implique la réalisation du quilt sandwich et du quilting dans les 2 jours.

Sinon, il faudra se rabattre sur la bonne vieille craie par l'intermédiaire du crayon à mine (marque Bohin ou Prym) ou encore du « Chaco Style » de la marque Clover qui fonctionne avec une petite roulette qui distribue de la poudre de craie. Dans les deux cas, la craie risque de s'estomper si vous manipulez votre quilt sandwich. Il faudra veiller à le faire délicatement si vous ne voulez pas que vos motifs disparaissent avant d'être quilter.

Les crayons dont l'encre disparait à la chaleur peuvent laisser des traces sur les tissus foncés. Je ne vous les conseille pas.

LE QUILT SANDWICH

Rangez jambon, pain et fromage. Ce n'est pas ce genre de sandwich.

Comme son nom le fait (de très loin) comprendre, le « quilt sandwich » est l'étape de préparation du quilt. Ce dernier étant composé de 3 couches : le top, le molleton et le dessous, cette étape consiste à les superposer à la manière d'un sandwich.

Matériel

ÉTAPE 1 : ON DISPOSE

Il faut choisir un espace de travail assez grand et qui ne sera pas abimé par la pose des épingles. Personnellement, je travaille au sol. Le travail à genoux n'est pas des plus marrant mais c'est ce que j'ai trouvé de mieux.

Vous pouvez aussi travailler sur une table mais assurez-vous que vous pourrez épingler dessus sans l'abimer. Au besoin, protégez-la avec du carton. Votre table peut être plus petite que votre ouvrage, vous travaillerez zone par zone.

ÉTAPE 2 : ON MAINTIENT

Le secret d'un quilt sandwich réussi est l'absence de plis sur les 3 couches de tissus qui le composent. C'est indispensable pour avoir par la suite un quilt régulier sans surplus de tissus disgracieux. Passer du temps sur la réalisation du sandwich est une étape laborieuse et pénible mais nécessaire pour un beau résultat.

Le scotch

Pour maintenir correctement les épaisseurs, vous pouvez les scotcher sur votre espace de travail. J'utilise du ruban de masquage que je trouve au rayon peinture de la boutique de bricolage.

Avantage : n'abime pas le support.

Inconvénient : peut se décoller lors de la manipulation.

Les serre-joints

Les pinces serre-joint, également disponibles en boutique de bricolage, sont des outils utiles pour la réalisation de votre quilt sandwich. Je conseille d'investir dans 6 pinces minimum.

Avantage : tiennent très bien les épaisseurs qui ne bougeront pas d'un iota.

Inconvénient : ne fonctionnent que sur un support ayant un rebord comme une table, on oublie le travail au sol.

ÉTAPE 3 : ON ÉPINGLE

Remarque

J'utilise en moyenne 60 épingles pour réaliser le quilt sandwich d'un plaid de petite taille.
Pour ne pas être à cours, je vous conseille d'acheter une bonne centaine d'épingles. Mieux vaut trop que pas assez.

Les épingles à nourrice

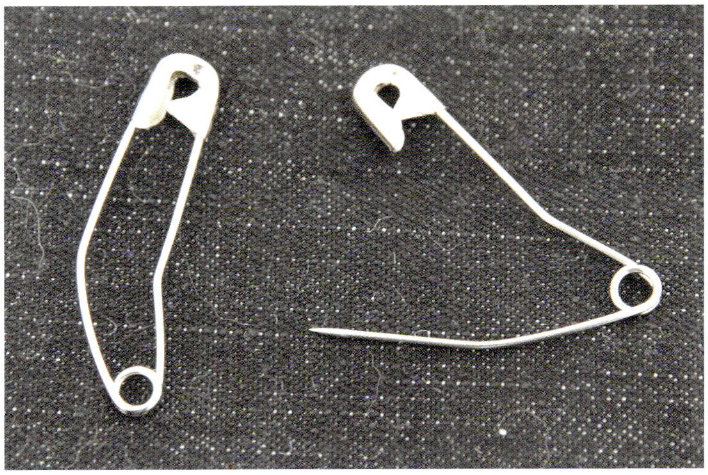

Je travaille essentiellement avec des épingles à nourrice coudées de 38 mm. Leur forme permet de pénétrer les 3 couches du quilt et leur longueur assure d'en ressortir facilement sans faire bouger l'une des couches de tissu.

Avantage : une fois fermées, elles ne bougent pas lors de la manipulation du quilt.

Inconvénient : elles sont un peu épaisses et peuvent marquer les tissus fins ou tissés de manière dense.

Astuce

Je les conserve ouvertes dans une petite boite en métal. Certes ce n'est pas très sécuritaire mais quand vous serez en train de maintenir votre quilt sandwich, vous serez heureux de pouvoir saisir et poser une épingle d'une seule main.

Les épingles

Le quilt sandwich est réalisable avec des épingles spécialement conçues pour le quilting. Elles sont plus longues que les épingles classiques et permettent donc de traverser facilement toutes les épaisseurs et d'en ressortir. Vous les trouverez dans les boutiques spécialisées ou sur internet sous le nom « d'épingles spéciales quilting ». Je les conserve sur une boite aimantée bien pratique.

Avantage : elles sont fines et ne laissent aucune trace dans les tissus.

Inconvénients : elles peuvent s'enlever inopinément lors de la manipulation du quilt. De plus, elles piquent les gambettes quand on quilte avec le plaid sur les genoux.

MARCHE À SUIVRE

Remarque

Vos molleton et dessous doivent être **5 à 10 cm** plus longs et larges que votre top. Le quilting va faire rétrécir les tissus (plus ou moins en fonction de l'épaisseur du molleton). Donc pour un top de 1 m sur 1 m, je m'assure d'avoir au moins 1,10 m sur 1,10 m de molleton et de dessous.
Je ne coupe pas mes tissus au préalable sauf si j'ai une longueur trop imposante, j'optimise ainsi au maximum les chutes.

1 ▲

Choisissez le dessous, plus d'informations à la page 39 et repassez-le. J'ai opté pour une popeline imprimée assortie à mon top.

2 ▲

Disposez le dessous, endroit contre le support (ici le sol).

3 ▲

Positionnez le dessous correctement en lissant avec la main du centre vers les extrémités pour éliminer les plis. Scotchez le premier angle.

4 ▲

Faites de même pour l'angle opposé en tendant le tissu.

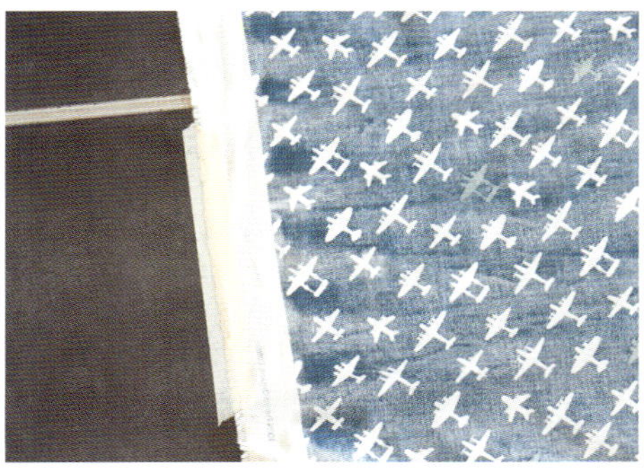

5 ▲

Répétez les étapes 3 et 4 avec les côtés et les angles restants. Le dessous doit être bien plat, sans pli mais sans pour autant être trop tendu.

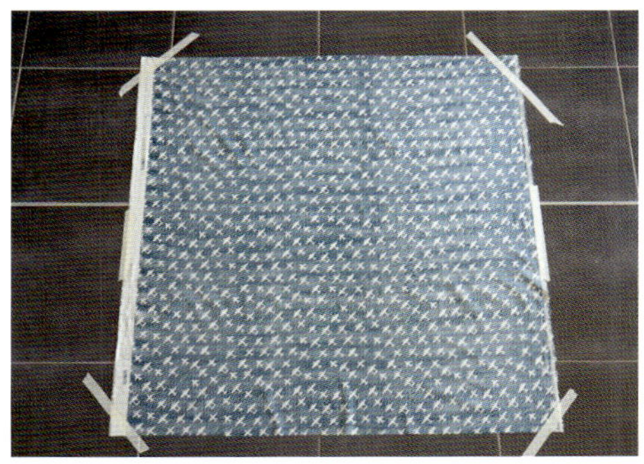

6 ▲

Le dessous est scotché.

7 ◀

Recouvrez le dessous avec le molleton.

8 ▶

Si la pièce de molleton est trop grande, je replis les extrémités. Le molleton n'a pas d'endroit/envers.

9

Lissez le molleton sur le dessous du centre vers les extrémités. Vous verrez que le molleton accroche le tissu ce qui facilite la chose.

10

Scotchez le molleton en suivant les étapes 3 à 6 en évitant de former des plis.

11

Recouvrez le molleton avec le top, dessus vers vous. Attention à ce que le top recouvre bien le dessous qui peut être masqué par le molleton. Dessous et top sont donc envers contre envers et le molleton est intercalé entre les deux. Lissez la surface.

12

Scotchez le top sur le molleton comme aux étapes 3 à 6 (page 67).

13

Sortez vos épingles (ici des épingles à nourrice coudées).

14

Épinglez en commençant au centre puis agrandissez la zone pour arriver progressivement aux bordures. Épinglez chaque bloc au centre (à adapter en fonction de la taille du bloc) sans soulever le tissu. Ne lésinez pas sur le nombre d'épingles, plus il y en a, mieux c'est. Pour une question pratique par la suite, n'épinglez pas sur ou à proximité du tracé des motifs à quilter.

15

Épinglez tous les 8-10 cm le long des bordures.

16

Coupez le surplus de dessous et molleton en veillant à laisser au moins 5 à 10 cm autour du top.

17

Enlevez le scotch. Le quilt sandwich est terminé. Vérifiez côté dessous qu'il n'y a pas de plis. Vous pouvez désormais le manipuler sans soucis, il ne bougera pas. Il est temps de le quilter.

QUILTER

Il est l'heure de quilter. Plusieurs heures de travail vous ont permis d'en arriver ici. On touche au but !

Je vais vous présenter 3 techniques pour quilter votre ouvrage :

- **Le quilting main :**
  Avantage : apporte de l'authenticité et de la valeur à l'ouvrage.
  Inconvénient : prend beaucoup de temps et donne un résultat moins régulier qu'à la machine.
- **Le quilting à la machine**
  Avantage : permet de quilter rapidement et régulièrement.
  Inconvénient : moins authentique.
- **Le quilting « partiel »**
  Avantage : méthode très discrète qui permet de maintenir en place les 3 épaisseurs sans les surcharger d'un motif.
  Inconvénient : ce n'est pas vraiment du quilting et ça ne permet pas de créer de motifs.

Mais pourquoi quilter ?

Quilter permet de solidifier un ouvrage en supprimant la tension des coutures d'assemblage du top. Les 3 épaisseurs composant un quilt risquent de se dissocier à l'usage et c'est très inconfortable. De plus, il a un rôle décoratif qui apporte une seconde vision de l'ouvrage en jouant sur les reliefs et la lumière.

Il a cependant quelques inconvénients :

- C'est une technique qui requière beaucoup de temps et de patience.
- Plus le quilting est dense et moins le plaid est mœlleux.

Le Quilting à la main

MATÉRIEL

Les aiguilles

J'utilise des aiguilles à quilter mi-longues (taille 8 ou 9) des marques Bohin ou Prym. La marque anglaise Sharp est aussi très réputée mais plus compliquée à trouver en France.

Cela peut surprendre mais ces aiguilles sont plutôt courtes. On se demande comment on va pouvoir traverser 3 épaisseurs de tissu. Mais les aiguilles plus longues ne résistent pas longtemps avant de se tordre ou de casser sous le poids. Il faut donc trouver le bon compromis pour avoir un confort d'utilisation sans que l'aiguille ne s'abime trop rapidement.

Le fil

Le quilting à la main nécessite l'utilisation de fil spécial. Je vous déconseille d'utiliser du fil classique qui ne résistera pas et qui n'est tout simplement pas fait pour ça.

J'ai testé de nombreuses marques et j'aime travailler avec Aurifil (gamme Mako), Coats (gamme Dual Duty), Gutterman (gamme quilting), Metler (gamme Silk Finish) ou encore Le Chinois. Ces fils ont un prix conséquent mais leur qualité supérieure et leurs traitements spécifiques le justifie.

Les fils à quilter sont disponibles en différentes grosseurs à varier selon le rendu souhaité.

Personnellement, quand je quilte à la main, j'aime que cela se voit. J'utilise donc du fil de grosseur 40 ou inférieure.

Plus le numéro du fil est petit, plus il est épais.

Minute Culture

Les fils composés de fibres longues sont plus solides et moins pelucheux. Plus les fibres sont longues et plus le fil est de qualité.

Une polémique sur la composition du fil à quilter fait rage : d'un côté les 100% coton, de l'autre les fils mélangés (coton + polyester). Apparemment, le 100% coton n'abimerait pas les fibres des tissus dans le temps. Néanmoins, aucune étude n'a démontré le contraire car le recul nécessaire (pourtant plusieurs centaines d'années) aux études n'est pas suffisant. Donc, personnellement, je prends l'un ou l'autre, sans préférence.

Les fils à quilter sont traités différemment afin qu'ils :

- glissent plus facilement à travers les 3 épaisseurs de tissus (ils sont cirés)
- ne vrillent pas lors de la couture
- ne génèrent pas de nœuds
- soient plus solides et durables dans le temps.

Sur chaque bobine de fil est indiquée son épaisseur. Cette mesure traduit la longueur de fil nécessaire pour peser 1 gramme. Par exemple, un fil d'épaisseur 28 (1 gramme = 28 m de fil) sera bien plus épais qu'un fil d'épaisseur 50 (1 gramme = 50 m de fil).

La quantité du fil à acheter est compliquée à estimer car elle dépend exclusivement du motif et de la surface à quilter.

Le dé à rebord

Vos bouts de doigts vous remercieront d'investir dans l'achat d'un dé à coudre à rebord que vous positionnerez sur le majeur de votre main dominante. On oublie les dés à bouts arrondis qui ne vous permettront pas de retenir et pousser l'aiguille.
Un dé à coudre à sa taille est un dé qui tient au doigt (même quand on lui met la tête en bas) sans pour autant comprimer.

Le tire-aiguille

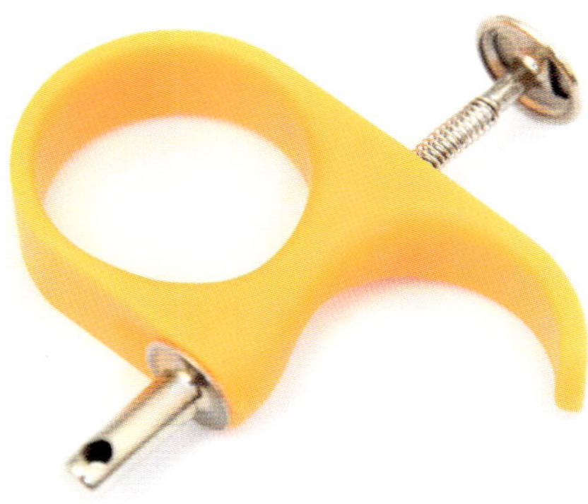

Outil facultatif, le tire-aiguille permet, comme son nom l'indique, d'agripper l'aiguille et de l'extirper des 3 épaisseurs de tissus.

Après avoir fait 4 ou 5 points successifs, agripper et tirer l'aiguille peut s'avérer compliqué.

Doigtiers en silicone

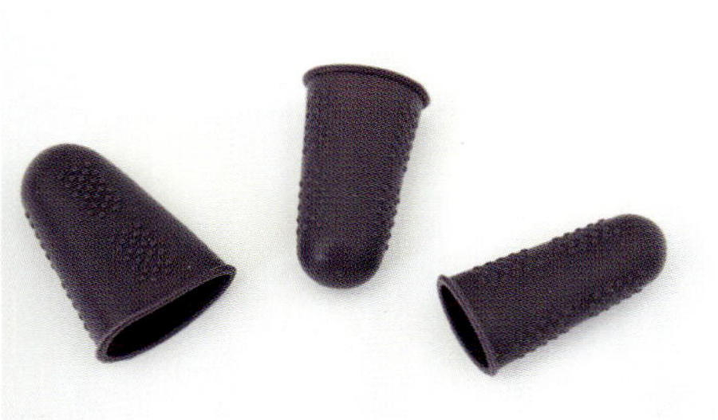

Le rôle de la seconde main est de sentir la pointe de l'aiguille qui a traversé le quilt sandwich et de la guider pour ressortir côté top. Pour ne pas se piquer à chaque point, je vous conseille l'achat de doigtiers en silicone qui vous protégerons le bout des doigts tout en continuant à sentir l'aiguille.

Astuce

Pour toujours avoir tout sous la main quand je quilte, je range mon matériel dans une petite boite métallique. J'y ajoute une paire de ciseaux à broder pour pouvoir couper mon fil.

Le tambour à quilter

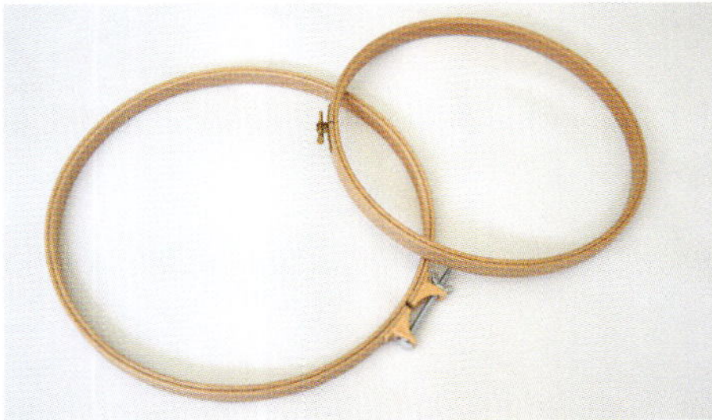

Il y a 2 écoles : les inconditionnels du tambour et ceux qui le déteste. Une patchworkeuse expérimentée m'a confié que travailler avec un tambour revient, pour elle, à avoir les bras dans le plâtre.

Avantages :

- Le tambour positionne et maintient correctement les 3 épaisseurs de tissu.
- La formation de plis est quasi impossible.

Inconvénients :

- Il doit être repositionné sur le quilt (très) régulièrement.
- Il faut de l'expérience pour tenir le tambour ou le caler et quilter en même temps.

Personnellement, je préfère travailler avec un tambour de 30 cm car il est maniable tout en offrant une surface de travail suffisante.

Pour votre premier quilting à la main, vous pouvez essayer sans tambour et voir si vous accrochez à l'activité avant d'investir. Néanmoins, je trouve que quilter sans tambour complexifie le quilting car il faut réussir à gérer la création de plis côté dessous.

Il existe des grands tambours sur pied mais au vue de l'investissement (plus de 250 €) il faut être certain de la rentabilité de la chose...

MARCHE À SUIVRE

*** Mise en place du tambour (facultatif)**

Remarque

Je vous montre comment installer le tambour mais vous pouvez faire sans. Dans ce cas, rendez-vous à la page suivante.

1

Prenez le quilt sandwich et le tambour.

2 ▲

Placez le tambour en commençant par le centre de l'ouvrage. Glissez le petit cercle sous l'ouvrage et recouvrez le tout avec le cercle plus grand. Les puristes tendent au maximum pour réaliser des points les plus petits possibles.

3 ▲

Pour les autres, je vous conseille de ne pas trop tendre les tissus, la main doit pouvoir toucher la table sur laquelle est posé le tambour.

4 ▲

Serrez la vis afin de bien maintenir le tout en place. Le top se trouve sur le dessus du tambour.

* Protection des mains

Voici pour les droitières comment positionner le dé et les protèges doigts.

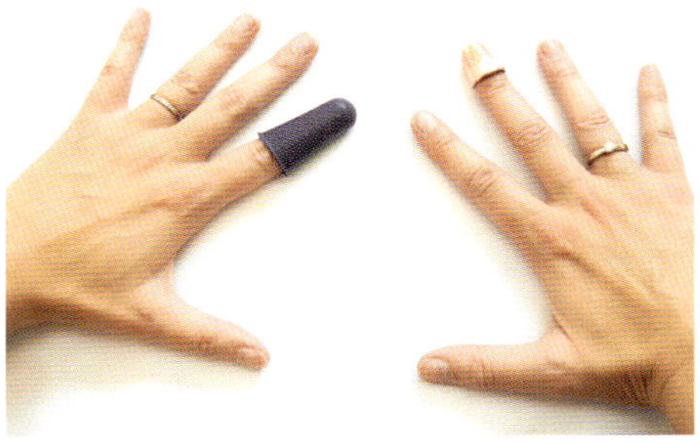

* Quilter à la main

Remarque

Il faut que vous trouviez une position agréable qui ne vous fera pas finir sur les rotules. Le mieux étant d'avoir un accoudoir pour y placer le tambour et un reposer pied pour maintenir l'ouvrage près du regard (et ne pas avoir à se baisser). Chacun trouvera la position la plus confortable avec l'expérience.

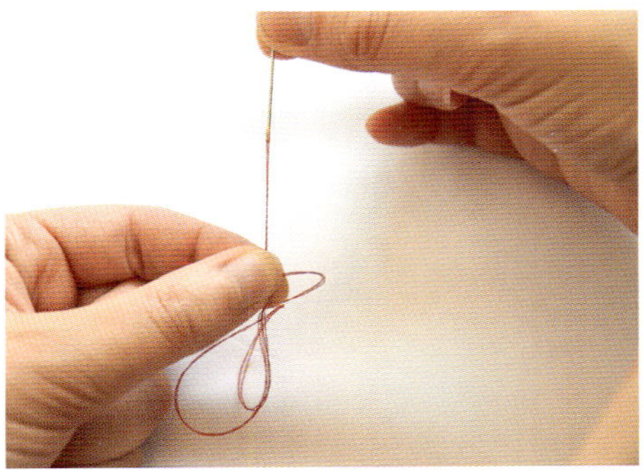

1 ▲

Enfilez le fil dans le chat de l'aiguille. À vous d'utiliser ou non un enfile aiguille qui peut faciliter cette étape. On est toujours tenté d'utiliser un grand morceau de fil pour avoir à réenfiler le moins possible. C'est une fausse bonne idée. Un long fil s'emmêle facilement. Faites un nœud au bout du fil, le nœud plat est tout indiqué ici (voir page 18).

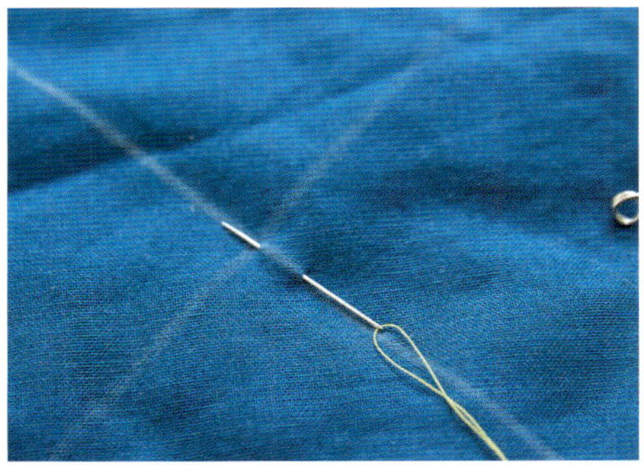

2 ▲

Piquez l'aiguille à proximité et faites la ressortir au point de départ du motif.

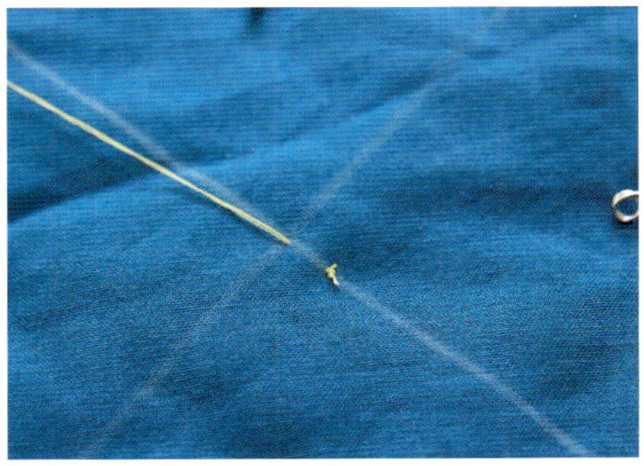

3 ▲

Tirez sur le fil jusqu'à ce que le nœud soit bloqué.

4 ▲

D'un coup sec tirez pour que le nœud traverse le top et soit maintenu par le molleton. Résultat : le nœud est devenu invisible, cool non ?

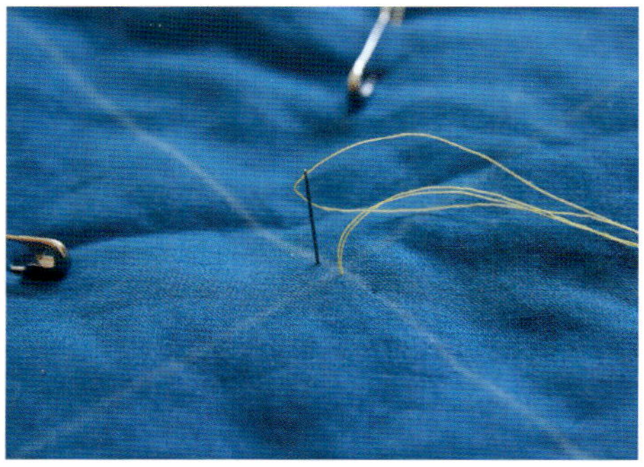

5

Piquez l'aiguille **verticalement** à 0,4 - 0,5 cm de distance afin de former le premier point.

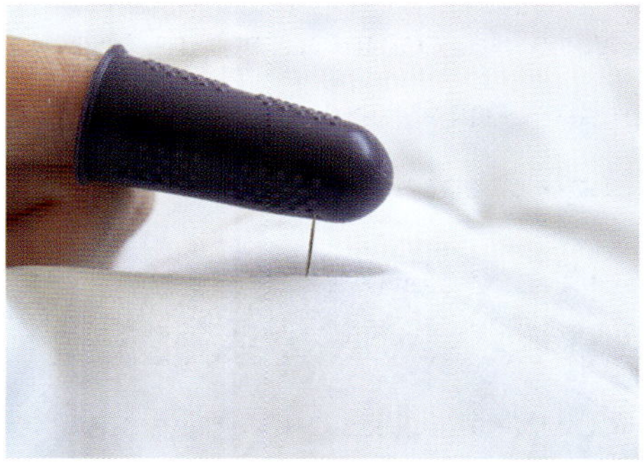

6

Utilisez la main placée sous le quilt pour sentir la pointe de l'aiguille.

7

Pour réaliser les points, il va falloir faire un mouvement de bascule de l'aiguille appelé « rocking » dans le monde du quilting. Utilisez pour cela le rebord du dé à coudre. Quand la main sous l'ouvrage sentira la pointe de l'aiguille, basculez l'aiguille avec le dé à coudre pour la faire ressortir du côté du top. Attention de toujours planter l'aiguille verticalement.

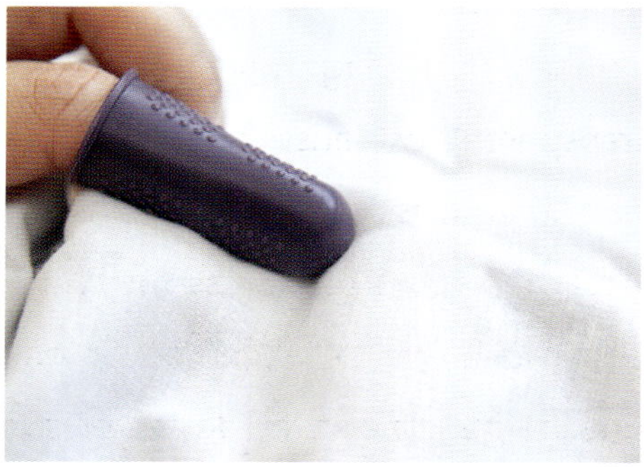

8

Le protège doigt est bienvenu à cette étape.

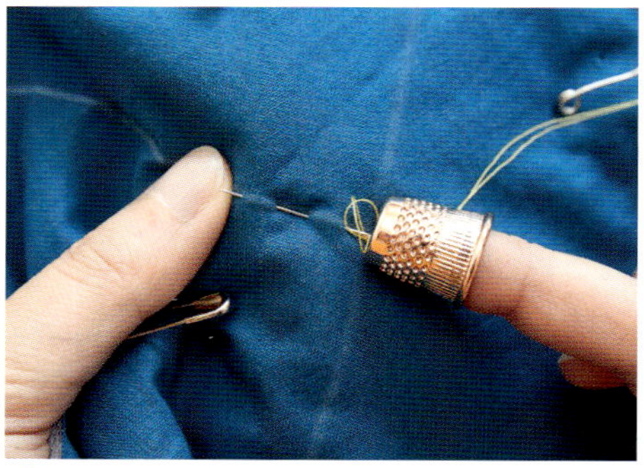

9

Tirez l'aiguille, le premier point est fait. Au début, vous pouvez faire point par point. Avec un peu d'expérience, vous pourrez réaliser plusieurs points avant de tirer l'aiguille. Les bonnes quilteuses mettent 6 points sur une aiguille. Ma devise est qu'il vaut mieux 4 points réguliers que 6 irréguliers. À bon entendeur...

10

La règle d'or pour avoir un beau matelassage c'est le planté d'aiguille (à défaut de bâton). Il faut toujours qu'elle transperce le top verticalement. Le quilting à la main demande un peu de temps pour être pris en main et avoir une jolie régularité de point. Dans tous les cas, ne vous découragez pas !

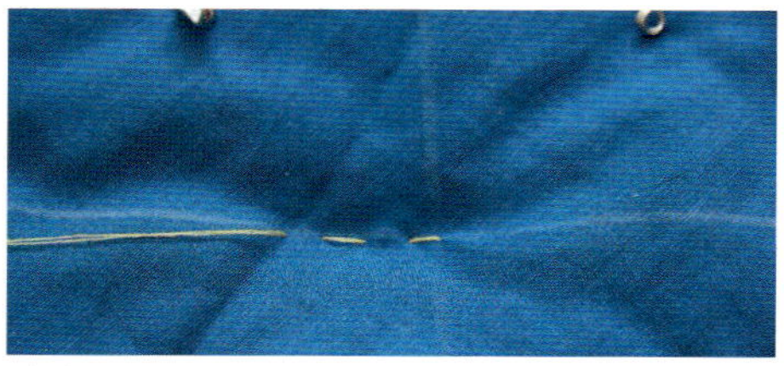

11

Quand vous arrivez au bout du fil, faites de nouveau un nœud au raz du tissu. Et comme à l'étape 6, tirez légèrement pour qu'il traverse les 2 premières couches de tissu et soit invisible. Coupez le surplus.

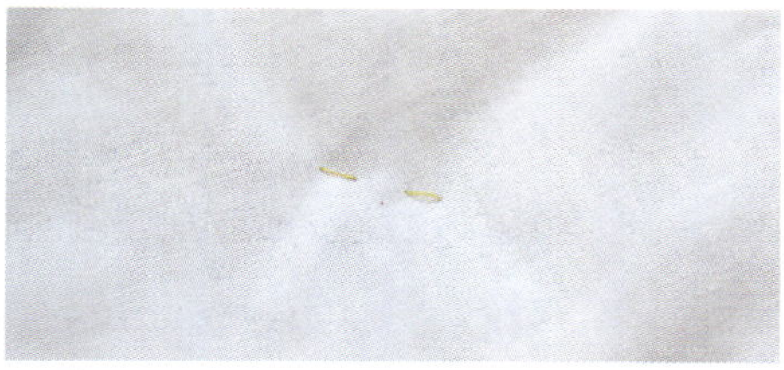

12

Les points dessus et dessous doivent être réguliers.

Minute Culture

Il existe une technique de quilting à la main qui utilise une petite cuillère côté dessous. Elle s'utilise dans la main sous l'ouvrage et permet de repousser l'aiguille sans se piquer les doigts. Cette technique particulière demande de l'entrainement mais les personnes devenues adeptes confient gagner beaucoup de temps.

Le Quilting à la machine à coudre

MATÉRIEL

Les aiguilles

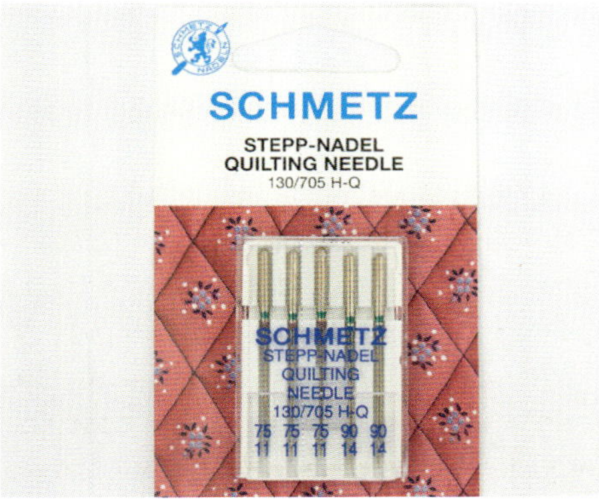

J'utilise des aiguilles machine spécifiques pour le quilting, les « quilting needle » de la marque Schmetz.

Ces aiguilles ont une pointe fine et légèrement arrondie qui transperce facilement les couches épaisses et denses sans abimer la matière. Ainsi, il n'y a pas de formation de trous dans lesquels les fibres de molleton pourraient ressortir. Le chat est aussi un peu plus grand.

Le fil

Avant de commencer, utilisez un fil de qualité ! Je vous en parle plus longuement à la page 10.

Un grand choix s'ouvre à vous : fil classique, métallisé, à broder...

Pour le fil classique polyester, je travaille avec la gamme Seralon de chez Mettler.

Pour les fils déco, je travaille avec les marques Madeira (gamme Decora, Mettalic), Metler (Isacord, Polysheen) ou Gutterman (gamme Sulky).

*** Le fil transparent**

Le fil transparent en nylon, cousin du fil de pêche, est utilisé pour quilter de manière très discrète. Les motifs se voient mais pas le fil. C'est très utile quand on souhaite quilter un dessous à motifs par exemple sans que la couleur du fil ne le surcharge.

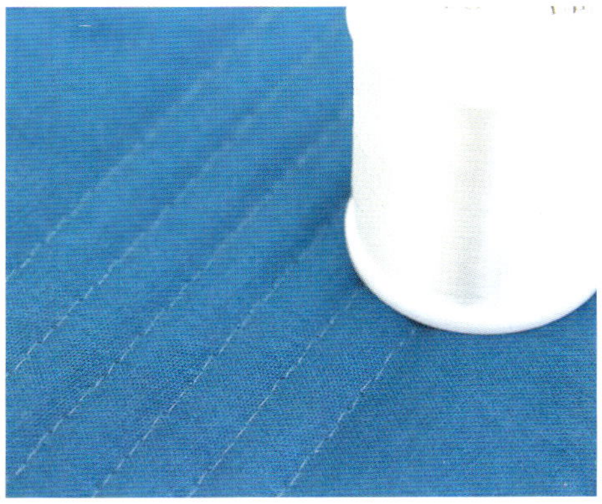

Vous pouvez utiliser le fil côté canette, côté bobine ou les deux.

Sur ma machine, je n'ai pas besoin de faire de réglage particulier, le fil transparent est aussi bien accepté que le fil classique. Néanmoins ce n'est pas toujours le cas. Je vous conseille donc de commencer par une petite canette et de tester sur des chutes (avec les 3 épaisseurs de tissus pour reproduire les conditions réelles du quilting). Si le fil casse ou que la couture est moche, jouez sur la tension et refaites des essais jusqu'à trouver le bon réglage.

Ce fil peut être repassé à basse température. Il n'est par contre pas utilisable pour un quilting à la main car il est difficile à dompter et forme des nœuds (ce qui est très agaçant).

J'utilise le fil de la marque Madeira gamme Monofil (mais qui existe aussi chez Aurifil ou Coats). Il est disponible en couleur transparente ou fumée (pour les tissus foncés) en différents métrages.

Le pied de biche

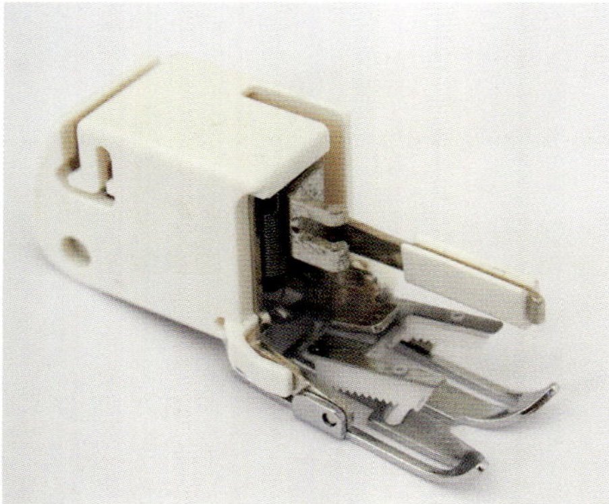

- Pour le matelassage en forme de lignes droites, le pied à double entraînement (encore appelé pied transport) sera indispensable (j'ai testé avec et sans et le résultat est sans appel). Ce pied permet de différencier l'entraînement des tissus dessus et dessous et facilite grandement la couture des tissus stretch ou épais/moelleux comme ici.

Le guide

Beaucoup de machines à coudre disposent d'un guide à quilter qui s'emboite sur le pied de biche. Il permet de respecter facilement l'écartement entre des coutures parallèles. Si vous n'en avez pas, tracez au préalable toutes les lignes sur le top ou utilisez du ruban de masquage collé directement sur le tissu qui servira de guide.

Les gants

Il existe sur le marché des gants siliconés qui permettent d'attraper et guider plus facilement le tissu. Quand on voit à quel point le quilting machine demande de la force dans les bras, une aide supplémentaire n'est pas de refus. Certaines quilteuses utilisent des gants de jardinage, à tester...

MARCHE À SUIVRE

Préparation : Je vous conseille de tester les réglages machine sur une chute, en condition réelle (un tissu au-dessus, du molleton et un tissu en dessous). Cela vous permettra de trouver le bon réglage de la tension du fil, du choix et de la longueur du point. Vos points doivent être beaux, visibles, distincts et réguliers. Des points trop petits risquent de cisailler le tissu et la tension engendrée de casser le fil. Il vous faudra donc obligatoirement rallonger vos points comparé à d'habitude. Je quilte habituellement un molleton moyen avec un point droit de longueur 3.5 à 4. Des points trop larges ne rapprocheront pas suffisamment le top au-dessous et rendront invisible le relief de votre quilting. À vous de trouver les meilleurs réglages.

Il est possible de quilter à la machine avec la technique du piqué libre abordée dans la partie suivante (page 78).

1 ▲

Dégagez bien l'espace de travail. Selon la taille de l'ouvrage, il va falloir de la place pour le manipuler sans faire tomber par terre tout ce qui se trouve à proximité (souvenir d'une boite à épingles qui a fait le grand saut). Montez la table d'extension de la machine si vous en avez une.

2 ▲

Roulez l'ouvrage pour gagner de la place sous le col de cygne de la machine (espace entre le pied de biche et le panneau de contrôle). Cela facilite sa manipulation et tend les tissus pour éviter les plis. Commencez à quilter du centre vers les extrémités.

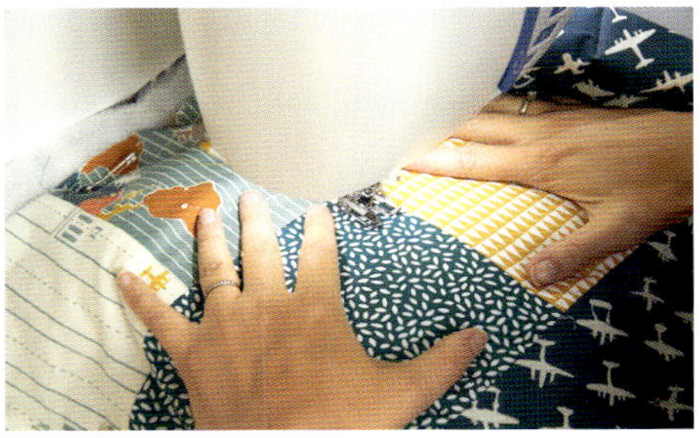

3 ▲

Positionnez vos mains sur le tissu de part et d'autre du pied de biche et guidez-le. Vous verrez que le quilting machine, c'est sport et demande de la force dans les bras.

4 ▲

Suivez le tracé des motifs à quilter scrupuleusement, à petite vitesse. Patience et minutie sont de rigueur. Vérifiez régulièrement côté dessous s'il n'y a pas de plis. Si c'est le cas, décousez 4 cm avant et après le pli et recousez en positionnant mieux les tissus.

Le Quilting « partiel »

MATÉRIEL

Le quilting que j'appelle « partiel » se fait à la machine à coudre, vous aurez donc besoin du même matériel que précédemment. C'est une méthode personnelle qui permet de maintenir en place les 3 épaisseurs de tissus sans qu'elles se dissocient à l'usage et mettent à l'épreuve les coutures d'assemblage mais sans prendre le temps d'un vrai quilting.

MARCHE À SUIVRE

La marche à suivre est exactement la même que pour le quilting à la machine. La seule différence réside dans le motif quilté. Ici, on va coudre des points sur-place un peu partout sur l'ouvrage.

Pour coudre des points sur place, il y a plusieurs méthodes selon la machine :

* Les machines sophistiquées proposent des modes « point sur place ». Vérifiez dans votre notice si la vôtre le permet. La machine va piquer seule, au même endroit et faire les points d'arrêt nécessaires.
* Il est possible d'utiliser la technique du piqué libre pour réaliser les points sur place (voir page 78). L'important étant de positionner le pied à repriser et de désactiver les griffes d'entraînement de la machine.
* La succession d'un point avant puis arrière peut faire l'affaire.

Je réalise les points à la jonction de plusieurs blocs, au cœur de la couture d'assemblage pour une totale discrétion. J'utilise systématiquement un fil de la couleur du dessous. Ainsi cette méthode invisible côté top (car dans la couture d'assemblage) reste discrète côté dessous.

Focus sur le « long arm quilting »

Il s'agit d'une machine industrielle qui permet de quilter un motif à la demande (soit à la main, soit par ordinateur). C'est un service qui se démocratise et désormais, de plus en plus de boutiques physiques ou en ligne le proposent. Certaines formules vous dispensent même de la réalisation du quilt sandwich. Cela peut être une option si vous ne souhaitez pas quilter vous-même votre ouvrage. Le tarif de la prestation dépendra du choix du motif (dans un catalogue ou de la pure création), de la taille du quilt et du prestataire.

LE PIQUÉ-LIBRE

C'est quoi le piqué-libre ?

Il s'agit d'une technique qui consiste à coudre à la machine sans utiliser les griffes d'entraînement. C'est donc vous qui guidez le tissu pendant la couture.

Le piqué-libre est utilisé :

• Pour la personnalisation car il permet de broder un motif ou du texte sur le tissu.

• Pour le quilting car il permet de matelasser l'ouvrage avec des formes libres, variées ou arrondies.

MATÉRIEL

Le tissu et son support

Vous pouvez utiliser le tissu de votre choix. Évitez tout de même les tissus stretch qui risquent de se trouer suite aux piqûres d'aiguilles répétées.

Le piqué-libre requière un tissu avec de la tenue. Pour cela, il est nécessaire de «stabiliser» la matière en utilisant soit :

• Un tambour à broder qui va tendre le tissu. J'utilise un tambour de 20 cm de diamètre. Je pose les mains sur le tambour et je guide le tissu. Personnellement, je conseille cette technique que je trouve plus intuitive et confortable.

• Un thermocollant spécial broderie qui s'applique sur l'envers du tissu. Il sert de soutien lors de la broderie et se retire à la fin. J'utilise le Soluvlies de la marque Vliesline qui est soluble dans l'eau. Vous le fixez donc au revers du tissu avec le fer à repasser, vous brodez puis passez le tissu sous l'eau pour l'enlever.

Le pied

Le piqué-libre s'effectue couramment avec le pied à repriser. Souvent fourni avec la machine, ce pied monté sur ressort garantit une tenue et un contrôle du tissu pendant la couture. Ce dernier, ainsi bien maintenu, n'est pas entraîné par l'aiguille lors de sa remontée.

Néanmoins, il est aussi tout à fait possible de coudre sans pied de biche. Oui oui, aussi saugrenu que cela puisse paraître, il est possible de coudre en laissant l'aiguille se débrouiller seule. Le soucis de cette technique est que le tissu aura tendance à remonter avec l'aiguille.

Les griffes d'entraînement

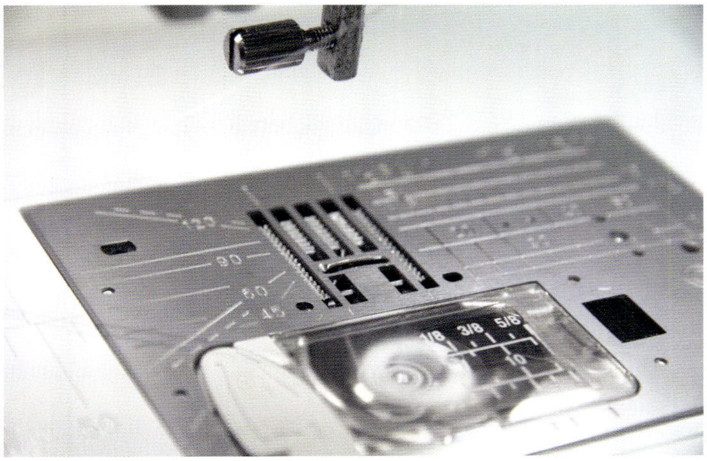

La base du piqué-libre est de pouvoir bouger soi-même le tissu. Les griffes d'entraînement doivent donc être neutralisées. Pour cela, les machines récentes possèdent un levier qui permet de descendre les griffes sous le niveau de la plaque à aiguilles les rendant donc inactives (consultez la notice de votre machine). Pour les machines plus anciennes, il existe dans le commerce (ou parfois fournies avec la machine) des plaques spéciales prévues pour couvrir les grilles et donc annihiler leur action

Le fil

Le fil que vous utilisez classiquement pour coudre fait très bien l'affaire. Au risque de radoter, je vous conseille d'utiliser du fil de qualité. Je vous ai rédigé un laïus sur le sujet à la page 10. Dans le cadre d'une broderie au piqué-libre, il est possible d'utiliser des fils à effets (métallisé, ombré), des fils à broder à la machine qui apporteront une brillance supplémentaire, du fil plus épais... Pensez à adaptez l'aiguille machine au fil utilisé, je pense notamment aux fils métallisés.

DIFFICULTÉ : 2/5

Cette technique ne présente aucune difficulté. Il y a un tour de main à prendre afin de bien se positionner (je pose les coudes sur le bureau pour que mon tambour soit bien stable) et d'avoir une bonne prise en main du tissu pour le guider mais en quelques minutes, le geste est dompté.

Astuces

- N'hésitez pas à baisser la vitesse de couture (si la machine le permet) pour les premiers points et le temps de prendre ses marques.
- Passer plusieurs fois sur chaque ligne pour les intensifier et donner un style «flou» que je trouve toujours très réussi.
- Il est possible de remplir les zones en piquant des lignes verticales puis horizontales. Cependant vous n'obtiendrez jamais le résultat régulier d'une brodeuse.
- Vous pouvez utiliser des fils de nuances différentes pour remplir des zones ce qui donnera plus de détails à votre pièce (feuilles d'une fleur par exemple).
- Le piqué libre s'effectue à l'aide du point droit mais aussi du point zig-zag pour varier les effets.

La Broderie en piqué-libre

LE MOTIF

1▲

Choisissez le motif à broder. Internet sera une source inépuisable d'idées, n'hésitez pas à surfer. Ici, j'ai demandé à ma fille de me réaliser un dessin, elle a choisi une princesse (évidemment) et rose (pour ne pas changer).

2▲

Reproduisez le motif sur un morceau de tissu plus grand que la dimension souhaitée. Vous pouvez utiliser du papier carbone spécial tissu pour le faire. Mon tambour fait 20 cm de diamètre, je coupe un carré de tissu d'au moins 35 - 40 cm de côté.

LE SUPPORT

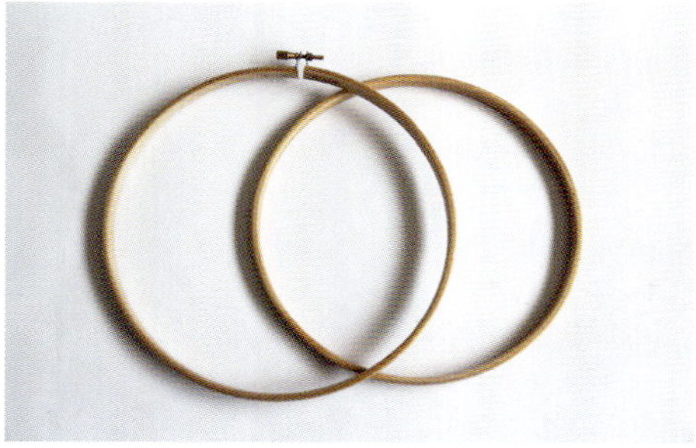

3▲

Je préfère utiliser un tambour à broder comme support car je trouve la prise en main plus facile. Si vous optez vous aussi pour un tambour, ouvrez le de manière à dissocier les 2 cercles qui le composent. Sinon thermocollez le stabilisant sur l'envers du tissu et passez à l'étape 9.

4▲

Recouvrez le plus petit cercle par le tissu, endroit du tissu contre le cercle. Centrez le motif.

5▲

Recouvrez par le cercle plus grand.

6▶

Retournez le tout et tirez légèrement sur le tissu s'il y a des plis. Attention à ne pas trop tendre le tissu, il faut qu'il se positionne normalement.

7 ▲

Quand le tissu est bien positionné, serrez la vis du tambour.

8 ▲

Le tissu est à plat au fond du tambour.

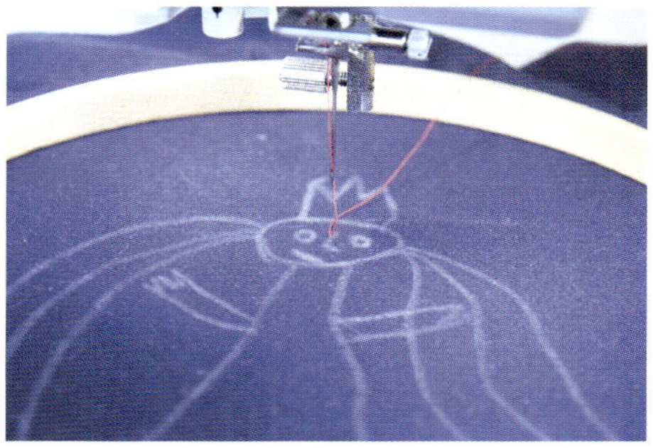

9 ▲

Glissez le tambour sous l'aiguille de la machine. Vous serez sans doute obligé d'enlever le pied de biche.

10 ▲

Remettez le pied de biche si vous avez eu besoin de l'enlever.

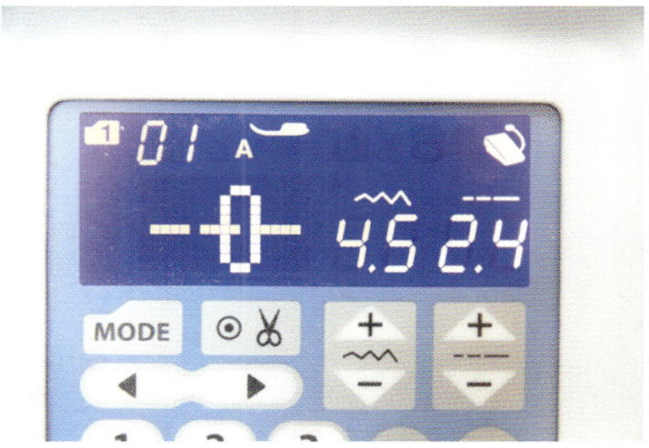

11 ▲

Je sélectionne le point droit classique. Il est possible aussi d'utiliser le point zig-zag. Le réglage de la longueur du point ne sert à rien car c'est vous qui guidez le tissu et non plus les griffes d'entrainement.

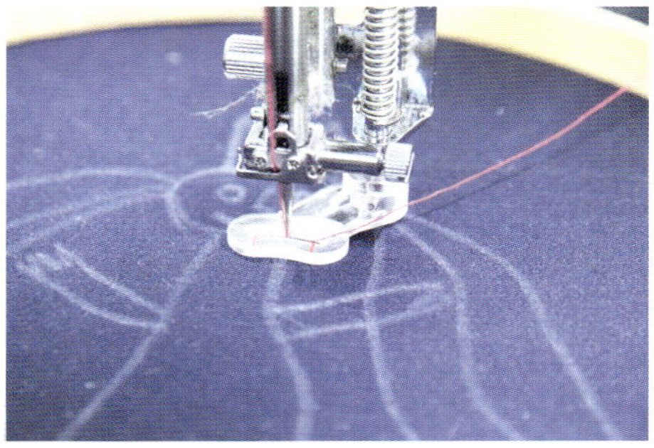

12 ▲

Commencez par faire quelques points sur place, stoppez et coupez le surplus de fil sinon il risque de se prendre dans la broderie.

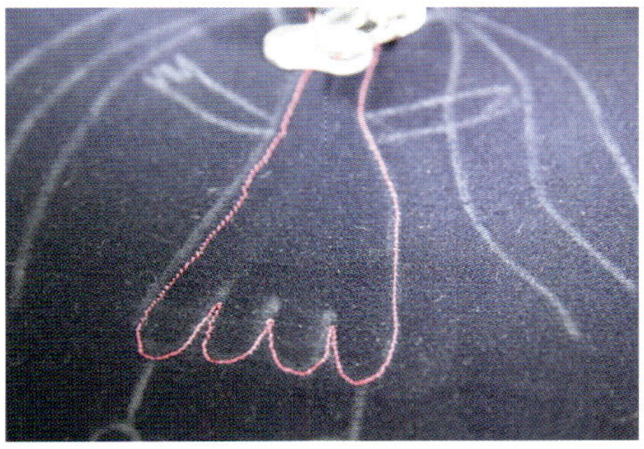

13 ▲

Piquez en suivant le motif. Je vous conseille toujours d'orienter le tissu vers vous. Vous aurez ainsi toujours l'œil sur le motif à broder. Voici le résultat en passant une seule fois. Personnellement, je n'aime pas particulièrement, le tracé est fin et surtout ne laisse aucun droit à l'erreur.

14 ▲

Je repasse sur le motif 3 à 4 fois pour l'intensifier. Cela apporte un côté « flou artistique » que j'adore.

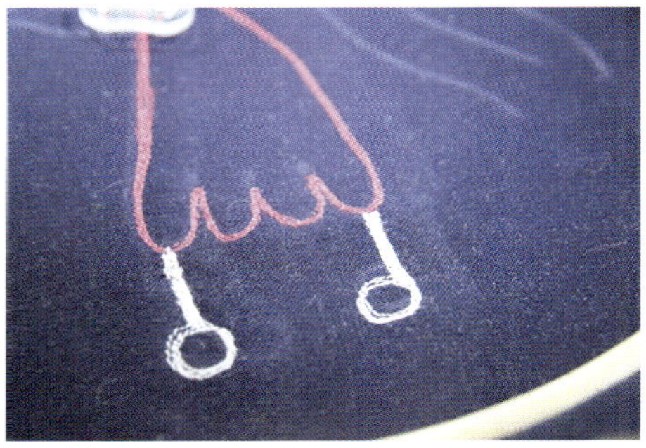

15 ▲

Changez de couleur de fil (bobine + canette) et poursuivez la broderie.

16 ▲

Ma princesse aux 6 cheveux est terminée, n'est-elle pas craquante?

17 ▲

À côté du modèle, ma broderie fait office de sœur jumelle.

Le quilting en piqué-libre ou « free motion quilting »

LE MOTIF

De la même manière que pour la borderie, vous aurez besoin d'un motif à quilter. Néanmoins, vous pouvez partir sur des motifs libres qui vous viendront en tête au fur et à mesure.

Pour reporter le motif sur le patchwork, j'utilise le crayon Trickmarker de la marque Prym qui est un feutre qui s'efface à l'air au bout de 2 jours. Si vous pensez ne pas réussir à effectuer le quilt sandwich et le quilting dans les 2 jours, utilisez une craie ou un crayon qui s'efface à l'eau.

MARCHE À SUIVRE

La technique est la même que pour la broderie à quelques nuances près :

- Il ne faut pas utiliser de stabilisant (tambour ou stabilisant), l'épaisseur du quilt sandwich est bien nécessaire.
- Tout comme pour le quilting, il faut commencer au centre du top et quilter vers les extrémités pour éviter la création d'amas de tissu.

LA BANDE DE FINITION

Un patchwork traditionnel se termine par une bande cousue sur l'endroit et repliée côté dessous. Il est possible de finir le plaid simplement avec du passepoil (plus d'informations page 94).

Fournitures :

Utilisez une cotonnade de poids moyen (popeline, cretonne...) assortie à votre ouvrage. Il ne faut pas perdre d'esprit que cette bande va être commune au top et au-dessous, elle doit donc s'harmoniser avec les deux.

Remarque

Je ne suis pas partisane de l'utilisation de biais du commerce. Je trouve que sa petite largeur (en général 1 cm une fois cousue) donne un rendu trop fin et discret, souvent disproportionné. De plus, sa pose est bien plus complexe (1 cm de large c'est très peu pour l'épaisseur d'un ouvrage molletonné) et sa piètre qualité (souvent rigide) va cartonner le tomber de votre ouvrage.

Calcul :

Il faudra les 2 informations suivantes pour calculer le métrage nécessaire de tissu pour réaliser la bande de finition :

- Les dimensions du quilt (hauteur et largeur).
- La largeur souhaitée de la bande (une fois cousue).

Remarque

Habituellement, je travaille avec une bande de 3 à 4 cm de large (une fois cousue). En deçà, je trouve que le résultat est fin et avec l'épaisseur du molleton, ça donne un petit côté «boursouflé» qui ne me plaît pas des masses. Au-delà, la bande prend trop de place visuellement et gâche un peu l'harmonie du quilt. Evidemment, c'est une question de goût, vous faites comme vous voulez.

CALCUL DE LA LARGEUR DE LA BANDE

Je vous propose 2 méthodes de pliage pour créer la bande. Je n'ai pas de préférence entre les 2 techniques, chacune a ses avantages et ses inconvénients.

Méthode 1 : le pliage en 2

* Avantage : un seul pliage

* Inconvénient : plus gourmande en tissu , tracé d'une ligne guide à faire au préalable

* Hauteur de la bande à couper = **6 x largeur souhaitée de la bande (une fois cousue)**

Pour obtenir une bande cousue de 3 cm de large, il faut couper une bande de 6 x 3 = 18 cm de large.

Méthode 2 : le pliage en "biais"

* Avantage : moins couteuse en tissu, pas de tracé préalable

* Inconvénient : 4 pliages nécessaires

* Hauteur de la bande à couper = **4 x largeur souhaitée de la bande (une fois cousue)**

Pour obtenir une bande cousue de 3 cm de large, il faut couper une bande de 4 x 3 = 12 cm de large.

CALCUL DE LA LONGUEUR DE LA BANDE

Nous illustrerons les paragraphes suivants avec un exemple : un plaid de 90 x 100 cm que nous souhaitons border avec une bande de 4 cm de large une fois cousue.

Calcul de la longueur de la bande = périmètre du quilt

Dans notre exemple : (2 x 90) + (2 x 100) = 380 cm soit 3,8 m

Il va de soi que l'on ne trouve pas dans le commerce de tissu dont la laize est de plus de 3 mètres comme il nous faudrait. Nous allons donc coudre plusieurs bandes entre elles pour obtenir la longueur nécessaire.

Ces coutures d'assemblage devront être prises en compte dans les calculs.

CALCUL DU SURPLUS DE COUTURE INTER-BANDE

Il y a 2 méthodes d'assemblage inter-bandes :

- bord à bord :

* Avantage : peu gourmand en tissu

* Inconvénient : raccord entre les bandes plus visible

* Application : tissu uni, faux-unis ou à petits motifs

* Valeur d'assemblage inter-bandes : **2 fois la marge de couture**

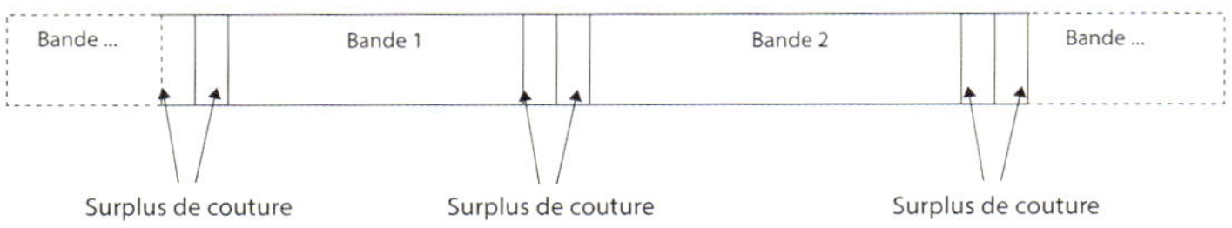

Après l'assemblage "bord à bord" de 2 bandes de 60 et 50 cm, avec une marge de couture de 1 cm, on obtiendra une longue bande "fermée" de (60 – 2) + (50 – 2) = 106 cm.

- en diagonale

* Avantage : ultra discret

* Inconvénient : très gourmand en tissu

* Application : bandes de tissus différents, tissus à motifs.

* Valeur d'assemblage inter-bandes : **1 fois la hauteur des bandes**

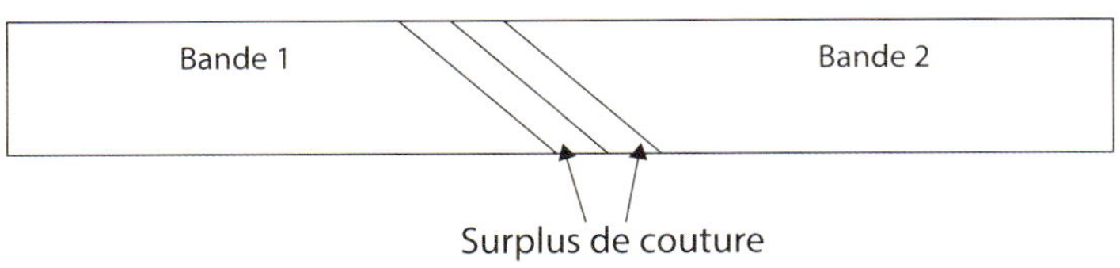

L'assemblage des bandes est le suivant et sera détaillé en photos un peu plus bas.

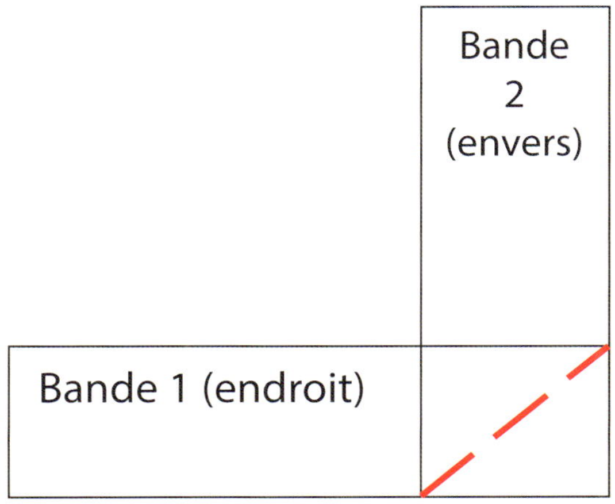

Après l'assemblage de 2 bandes de 50 cm et 40 cm, toutes deux de 18 cm de hauteur (à la coupe), on obtiendra donc une bande "fermée" de (50 + 40) – 18 = 72 cm.

CALCUL DU NOMBRE DE BANDES À COUPER

Après avoir choisi le type de pliage de la bande, le mode d'assemblage et sa hauteur, il reste à calculer le nombre de bandes à couper en fonction de la laize du tissu.

$$\text{Nombre de bandes à couper} = \frac{\text{longueur de la bande finale}}{\text{laize du tissu - surplus de couture d'assemblage inter-bandes}}$$

Dans notre exemple, il faut une bande une fois assemblée de 380 cm. Je souhaite obtenir une bande cousue de 3 cm de large avec la méthode 1 du "pliage en deux". Je dois donc couper des bandes de 18 cm de hauteur. Je vais assembler mes bandes entre-elles de manière discrète en utilisant la méthode en "diagonale" qui nécessite un surplus de couture d'assemblage inter-bandes de la hauteur de la bande soit ici 18 cm.

Le nombre de bandes à couper dans mon tissu de 110 cm de laize est ce : 380 / (110-18) = 4,13 que j'arrondis au supérieur soit 5. Il faudra donc couper 5 bandes de 18 cm de hauteur.

MARCHE À SUIVRE

PRÉPARATION DU QUILT :

1▲

Cousez à 1 cm le long des 4 côtés du quilt sandwich avec le pied de biche à double entraînement.

2▲

Cette étape va faciliter la pose de la bande de finition.

3▲

Coupez le surplus de tissu à raz du top.

4▲

Si vous avez une surjeteuse, ne vous en privez pas ! Surjetez et coupez à ras.

5▲

La finition à la surjeteuse apporte un énorme gain de temps et un rendu au poil.

6▲

Otez toutes les épingles utilisées lors du quilt sandwich. Si elles ont laissé des petits trous visibles, grattez délicatement avec l'ongle pour remettre les fibres du tissu en place.

COUPE DE LA BANDE :

1◀

Coupez les bandes de bandes de tissu (des conseils à la page 34). Pour cet ouvrage, j'ai choisi de couper des bandes de 12 cm de large avec un pliage en «biais» pour obtenir, une fois cousue, une bande de 3 cm de large. J'ai choisi d'utiliser des chutes. Vous pouvez tout à fait utiliser un unique tissu.

ASSEMBLAGE DES BANDES :

Assemblage « bord à bord »

1

Positionnez 2 bandes endroit contre endroit, épinglez et cousez à 1 cm du bord en passant **sur** les épingles pour avoir de beaux raccords.

2

Ouvrez les coutures au fer à repasser.

Assemblage en « diagonale »

1

Positionnez 2 bandes à la perpendiculaire, endroit contre endroit et épinglez.

2

Tracez une diagonale allant d'un angle à l'autre. Épinglez sur cette ligne.

3

Cousez le long du tracé.

4

Coupez le surplus de tissu en laissant 1 cm.

5

Ouvrez la couture au fer à repasser. Reproduisez toutes les étapes avec les autres morceaux composant la bande.

PLIAGE DE LA BANDE :

Pliage en « biais »

1▲

Pliez la longue bande en deux, envers contre envers, et marquez le pli au fer à repasser.

2▲

Dépliez la bande, le pli central est bien visible.

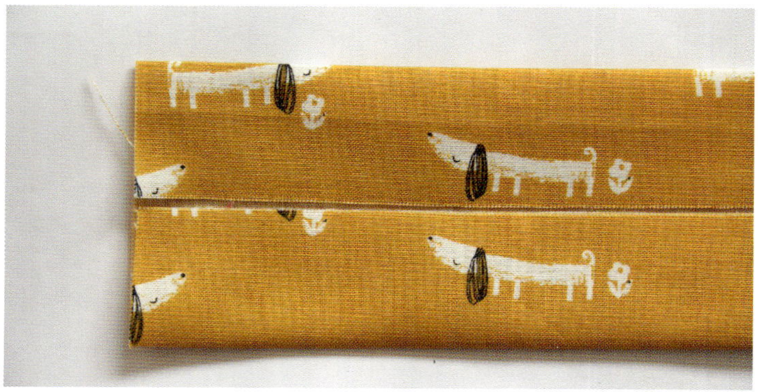

3▲

Repliez chaque extrémité sur le pli central et marquez au fer à repasser.

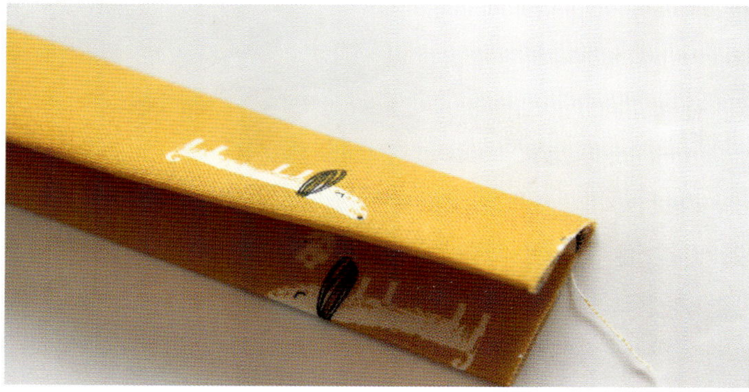

4▲

Repliez de nouveau la bande en deux.

Pliage en « deux »

1▲

Pliez en 2 la bande envers contre envers et marquez le pli au fer à repasser.

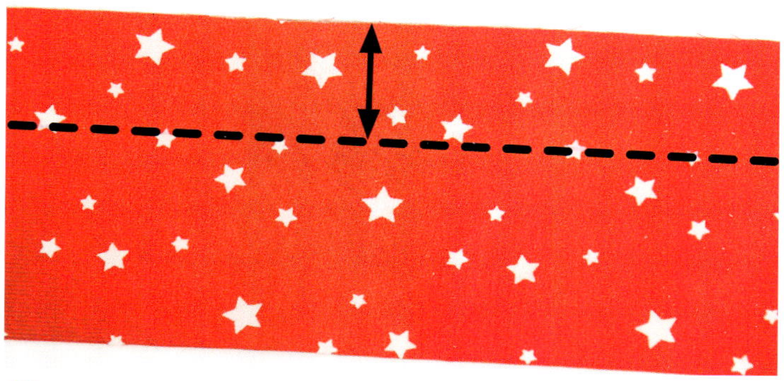

2▲

Du côté du bord brut du tissu, tracez une ligne à 1/3 de la largeur de la bande pliée en 2, soit la largeur souhaitée de la bande une fois cousue. Ici, je souhaite avoir une bande de 3 cm de large une fois cousue. J'ai donc coupé une bande de 18 cm de large. Pliée en 2 elle n'en fait plus que 9. Je trace donc une ligne à 3 cm du bord brut.

POSE DE LA BANDE :

Pose de la bande pliée en « biais »

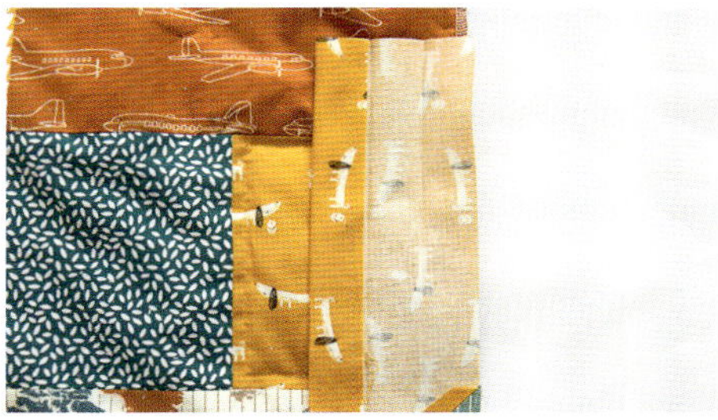

1 ▲

Disposez la bande pliée en biais endroit contre endroit du top, au milieu d'un des côtés du quilt. Épinglez les 30 premiers centimètres.

2 ▲

Cousez le long du premier pli. Commencez la couture à une vingtaine de centimètre de l'extrémité de la bande. Pour faciliter l'étape 17, je vous conseille de faire dépasser la bande de 2 ou 3 millimètres du quilt sandwich. Il n'est pas utile d'épingler toute la bande. Positionnez-la à la main au fur et à mesure de la couture.

3 ▲

Arrêtez la couture précisément à la distance correspondant à la largeur de la bande une fois cousue. Ici par exemple, ma bande fait 12 cm de large pour obtenir 3 cm une fois cousue. Je vais donc arrêter ma couture à 3 cm du bord du plaid. Mesurez et faites un repère. Coupez vos fils.

4 ▲

Pliez la bande à angle droit vers l'extérieur, comme sur la photo.

5 ▲

Repliez la bande sur elle-même de manière à ce qu'elle soit alignée correctement sur le côté et sur le haut (au niveau des flèches sur la photo). Épinglez et reprenez la couture. Faites de même avec les 3 autres angles.

6 ▲

Arrêtez la couture au moins 20 cm avant le début de la bande.

7 ▲

Pour relier les 2 bandes avec une couture en diagonale, coupez un morceau de bande restante. Si vous n'avez pas assez de tissu, réalisez un gabarit dans du papier. Si vous optez pour un assemblage bord à bord, coupez les bandes en les superposant de 1 cm et cousez endroit contre endroit.

8 ▲

Épinglez le début de la bande au quilt sandwich.

9 ▲

Superposez le gabarit sur le haut de la bande ou faites un trait à la largeur de la bande (ici 12 cm).

10

Superposez l'autre extrémité de la bande, bien à plat et épinglez.

11

Coupez la bande du tissu que l'on vient de superposer sous le gabarit.

12

Les bandes se superposent donc exactement sur la largeur de la bande (ici 12 cm). Vous pouvez jeter le gabarit, il n'est plus d'aucune utilité.

13

Positionnez les 2 bandes comme vu dans la partie «assemblage en diagonale» de la page 87 et épinglez. Voici ce que cela donne d'un côté.

14

Et de l'autre.

15

Cousez, coupez et repassez. La bande est pile de la bonne longueur. Reprenez la couture de fixation de la bande où vous vous étiez arrêté.

16

Dépliez la bande. Voici la vue côté dessous.

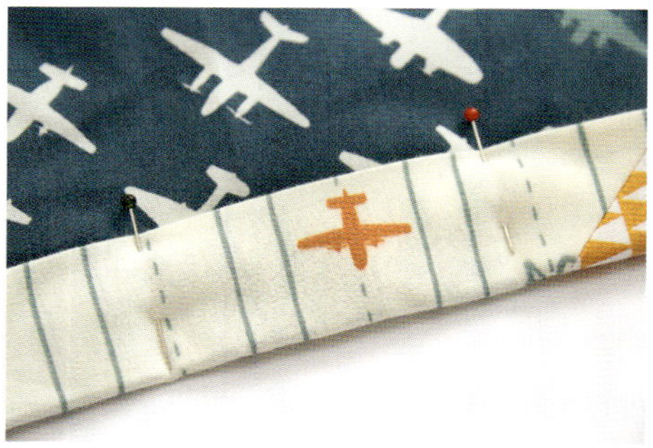

17

Repliez la bande côté dessous. Elle doit recouvrir la couture de fixation d'un petit millimètre. Épinglez régulièrement. Si vous voyez que la bande recouvre mal la couture et qu'il faut tirer, c'est qu'elle a été posée trop prêt du bord du quilt (étape 2). Je vous conseille de couper quelques millimètres du quilt sandwich puis de retester.

18

Au niveau des angles, il faut tout d'abord former un premier repli et épingler.

19▲

Faites un second repli et épinglez de manière à former un angle bien net.

20▲

On obtient un bel angle côté top mais aussi côté dessous.

21▲

Répétez les étapes précédentes tout le long de l'ouvrage.

22▲

Cousez la bande à l'aide d'un point invisible (plus d'informations page 19) et dans les angles.

Pose de la bande en « deux »

1

Épinglez la bande au milieu d'un côté du quilt sandwich, côté top. Commencez la couture à une vingtaine de cm du bord de la bande.

2

Pour faciliter l'étape 7, faites dépasser la bande de 2-3 mm du quilt sandwich.

3

Cousez le long de la ligne repère et arrêtez la couture exactement à la largeur de la bande une fois cousue. Ici, ma bande une fois posée fera 3 cm, j'arrête donc ma couture exactement à 3 cm du bord. Coupez vos fils.

4

Pliez la bande à angle droit vers l'extérieur. Épinglez.

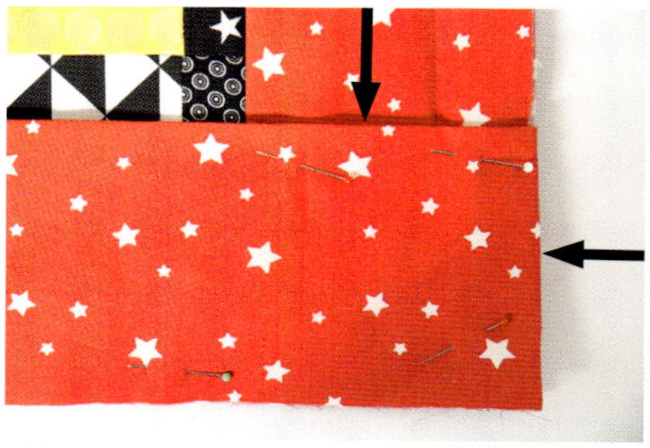

5

Repliez la bande en deux de manière à ce qu'elle soit alignée correctement sur le côté et sur le haut (au niveau des flèches sur la photo). Épinglez.

6

Reprenez la couture. Faites de même avec les 3 autres angles. Arrêtez la couture de la bande 20 cm avant l'autre extrémité. Faites un raccord entre les 2 extrémités dépliées (superposez les bandes sur 1 cm précisément, coupez le surplus. Positionnez-les endroit contre endroit et cousez). Finissez la couture.

7

Cousez la bande à l'aide d'un point invisible (plus d'informations page 19) et dans les angles.

FINITION *passepoilée*

J'aime beaucoup utiliser le passepoil en finition d'un plaid. Il apporte une note de couleur et dessine joliment la forme. Néanmoins, le passepoil ne peut pas être utilisé si vous quiltez. En effet, il se pose sur le top et s'assemble ensuite directement avec le dessous, endroit contre endroit.

Avec cette finition, vous pouvez réaliser des plaids de petite taille qui ne nécessitent pas de quilting ou un plus grand ouvrage qui sera quilté «partiellement» (plus d'informations page 77) après la pose du passepoil.

Matériel :

- Le passepoil est une bande de tissu coupée dans le biais, pliée en deux, dans lequel est insérée une cordelette qui va former un boudin. Vous pouvez en trouver en mercerie ou le fabriquer facilement vous-même. Il en existe du plus ou moins large, uni ou à motifs, en coton, lurex ou simili-cuir.

DIFFICULTÉ : 3/5

- Il se pose avec le pied à fermeture Éclair afin de coudre au plus près du boudin. Il existe aussi un pied dédié sous lequel une goulotte va venir guider le boudin du passepoil durant la couture.

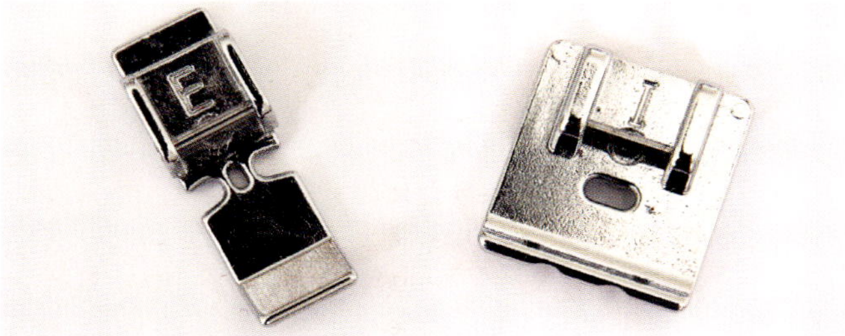

- Depuis que j'ai essayé ce pied, je ne peux plus m'en passer. La pose du passepoil est grandement facilitée, c'est presque « sans les mains ». Pour quelques euros, n'hésitez pas à investir.

MARCHE À SUIVRE

PRÉPARATION DU QUILT :

1 ▲

Tracez un arrondi sur les 4 angles du top à l'aide d'un objet rond.

2 ▲

Coupez le long du tracé.

3 ▲

Épinglez le passepoil (boudin vers le centre du tissu) au milieu d'un des côtés, sur l'endroit du top. Positionnez le passepoil de manière à ce qu'il y ait 1 cm entre la naissance du boudin (couture existante sur le passepoil) et le bord du tissu. Commencez la couture à 3 cm de l'extrémité du passepoil.

4 ▲

Si vous optez pour le pied à fermeture éclair, positionnez-le de manière à ce qu'il soit contre le boudin. Il faut coudre sur la couture existante du passepoil.

5 ▲

Si vous optez pour le pied à passepoil, glissez le boudin dans la goulotte sous le pied et positionnez l'aiguille pour qu'elle pique sur la couture existante du passepoil.

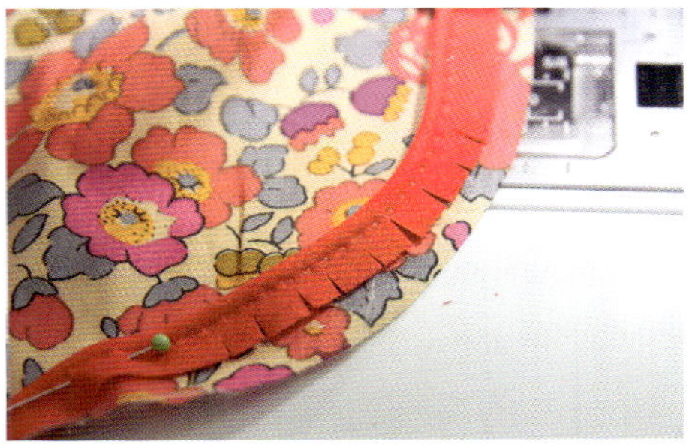

6 ▲

Astuce : Un peu avant un arrondi, crantez le passepoil **avant** couture, il se placera bien mieux. Reprenez la couture le long de la partie crantée.

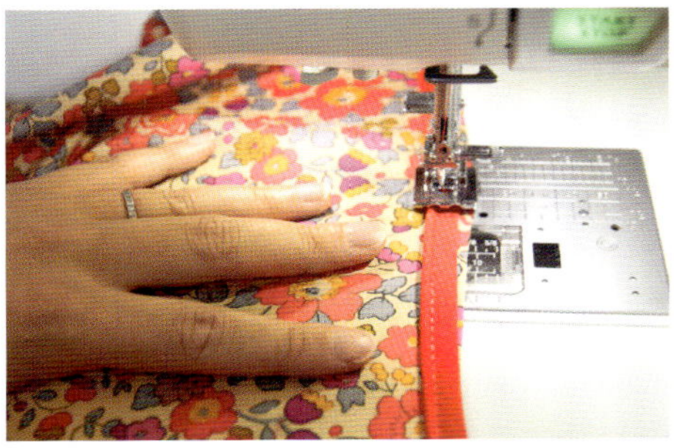

7 ▲

Quand je couds du passepoil, ma main gauche est à plat sur le tissu et le guide.

8 ▲

Ma main droite maintient le passepoil avant qu'il ne passe sous le pied de biche. Ce positionnement des mains me permet de ne pas avoir besoin d'épingler le passepoil.

9 ▲

La couture débute à 3 cm de l'extrémité.

10

Quand vous avez fait le tour, arrêtez la couture du passepoil quelques cm avant la première extrémité.

11

Coupez le surplus de passepoil afin que les 2 extrémités se superposent sur 2 cm environ.

12

Ouvrez le passepoil pour rendre visible la cordelette et coupez-la au niveau de la seconde extrémité du passepoil.

13

Les cordelettes une fois les passepoils mis bout à bout se rejoignent parfaitement.

14

Faites un repli du passepoil « nu » et prenez en sandwich l'autre.

15

Reprenez la couture.

16

Positionnez le molleton (facultatif) sur lequel vous superposerez le dessous, endroit vers vous. Recouvrez du top endroit contre endroit avec le dessous. Lissez bien avec la main pour qu'il n'y ait aucun pli

17

Epinglez au centre puis au niveau du passepoil.

18

Cousez toutes les épaisseurs entre elles en suivant la couture de fixation du passepoil en passant **sur** les épingles. Aidez-vous du boudin du passepoil pour vous guider. Laissez une ouverture de 10 cm au milieu d'un côté pour pouvoir retourner l'ouvrage.

Astuce

J'aime coudre tout le tour de mon plaid puis découdre sur 10 cm au milieu d'un des côtés. Ainsi, les replis sur les tissus sont marqués et la couture invisible finale est plus facile.

19

Enlevez toutes les épingles et coupez les surplus de tissu au niveau du top.

20

Retournez délicatement par l'ouverture laissée à l'étape 18.

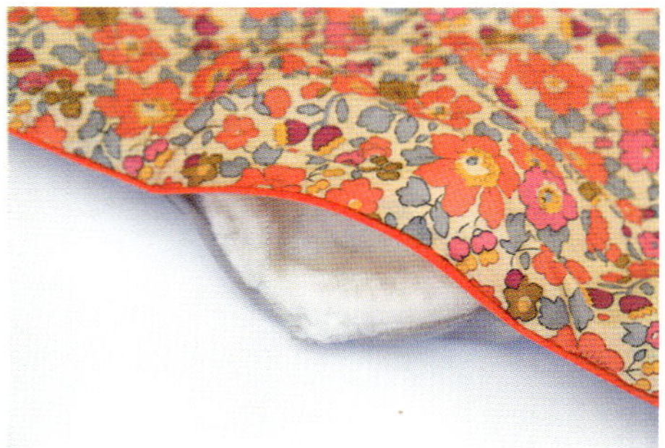

21

Fermez l'ouverture à la main (voir page 19).

22

Placez correctement les tissus et épinglez de nouveau le long du bord.

23

Surpiquez à 1 cm du passepoil en allongeant légèrement les points de manière à ce qu'ils soient bien distincts et harmonieux. J'utilise le pied de biche à double entraînement. Cette étape permet de souligner le passepoil et au plaid de garder sa forme.

24

Voici le résultat de la surpiqûre. Vous pouvez utiliser un fil de canette de la couleur du dessous et une bobine de la couleur du top pour plus de discrétion.
Si vous souhaitez réaliser un quilting partiel, rendez-vous à la page 77. Sinon le plaid est terminé !

Astuce

Vous pouvez surpiquer avec un point fantaisie.

JANOME

ABORDER LES PROJETS *sereinement*

Avant de foncer tête baissée dans les projets qui vont suivre, il est important d'avoir lu les pages techniques précédentes. En effet, coudre un projet patchwork que ce soit un sac, un vêtement ou un plaid ne s'improvise pas. Les techniques ne sont pas compliquées et peuvent être abordées par tous les niveaux de couture mais elles doivent être connues et préparées.

Voici les prérequis **indispensables** que vous devez avoir lu avant de commencer un des projets du livre :

- Choisir ses tissus : page 22
- Préparer ses tissus : page 31
- Couper ses tissus : page 33
- Choisir son molleton et son dessous : pages 36 et 39
- Les blocs : page 41
- Assembler son patchwork : page 46
- Le quilt sandwich : page 65
- Les finitions : page 83

PROJET PATCH *Carré*

Ce patchwork est le plus simple car il est composé de blocs de forme carrée. C'est un bon projet d'initiation qui permet d'aborder la découpe, l'assemblage et la maitrise des raccords.

Le Bai Jia Bei

- Le Bai jia Bei est une tradition chinoise remontant à plusieurs siècles qui consiste aux futures mamans de demander 1 coupon de tissu à 100 personnes de son entourage accompagné d'un vœu écrit sur une carte pour le bébé à venir. Ces carrés de tissu sont ensuite assemblés en une couverture qui accompagne le nouveau-né et dont les vœux lui porteront chance. La tradition veut qu'il y ait 100 carrés de tissus d'où le nom français de **couverture aux 100 vœux.** Il va de soi que vous pouvez adapter le nombre de carrés.

MODÈLE ET CALCULS :

Les marges de couture sont comprises et sont de 1 cm

Je vous donne des exemples de plaid bébé, enfant ou adulte avec 2 tailles de blocs différentes :

Usage	En cm			Nombre de carrés	Nombre de lignes du plaid	Nombre de colonnes du plaid
	Dimensions finales	Molleton et dessous (au minimum)	Dimensions des carrés (marge incluse)			
Bébé	100 x 100	110 x 100	22 x 22	25	5	5
	99 x 99	110 x 110	13 x 13	81	9	9
Enfant	108 x 144	120 x 155	20 x 20	48	6	8
	104 x 156	115 x 170	15 x 15	96	12	8
Adulte	140 x 180	150 x 190	22 x 22	63	7	9
	143 x182	155 x 190	15 x 15	154	11	14

Il est très facile de faire votre propre agencement en modifiant la taille du bloc de référence.

Voici 2 exemples avec les mêmes couleurs mais des tailles de carrés différentes. Le rendu est radicalement différent.

DIFFICULTÉ : 3/5

Fournitures :

Les fournitures dépendent du nombre de tissus, de leur fréquence d'utilisation dans le plaid et du rendu voulu.

Je vous conseille donc avant toute chose de faire un schéma de la répartition des différents tissus.

Quand vous saurez combien de carrés vous avez besoin dans chaque tissu, cette petite formule mathématique vous permettra de connaître le métrage nécessaire:

$$\text{Métrage nécessaire} = \left\{ \frac{\text{nombre de carrés x largeur du carré}}{\text{laize de tissu}} \right\} \text{x Hauteur du carré}$$

Prenons l'exemple suivant : 7 carrés de 21 cm de côté dans un tissu de 110 cm de laize.

Métrage nécessaire = { (7 x 21) / 110 } = 1,33 que j'arrondis à <u>l'entier supérieur</u> soit 2
= 2 x hauteur du carré = 2 x 21 = 42

Pour couper mes 7 carrés, j'aurai donc besoin de 42 cm de tissu de 110 cm de laize.

MARCHE À SUIVRE

Les marges de couture sont comprises et sont de 1 cm.

LE PATCHWORK

1

Choisissez les tissus et déterminez le métrage nécessaire.

2

Coupez tous les carrés et disposez-les au sol ou sur un lit. Agencez-les jusqu'à obtenir un résultat qui vous plaît. Prenez une **photo** du résultat dans son ensemble.

3

Rangez les carrés d'une même ligne dans l'ordre de manière à former un tas.

4

Pliez chaque tas en deux et superposez-les, toujours dans l'ordre.

5

Prenez un tas. Placez 2 carrés adjacents endroit contre endroit. Attention au sens des tissus, vérifiez si le montage est bon grâce à la photo prise à l'étape 2. Épinglez.

6

Cousez le long à 1 cm du bord.

7

Réitérez les étapes 5 et 6 avec le 3e carré de la ligne.

8

Faites de même avec tous les carrés d'une même ligne.

9

Numérotez chaque ligne au dos du premier carré pour faciliter l'assemblage final.

10 ▲

Répétez les étapes 5 à 9 avec toutes les autres lignes du patchwork.

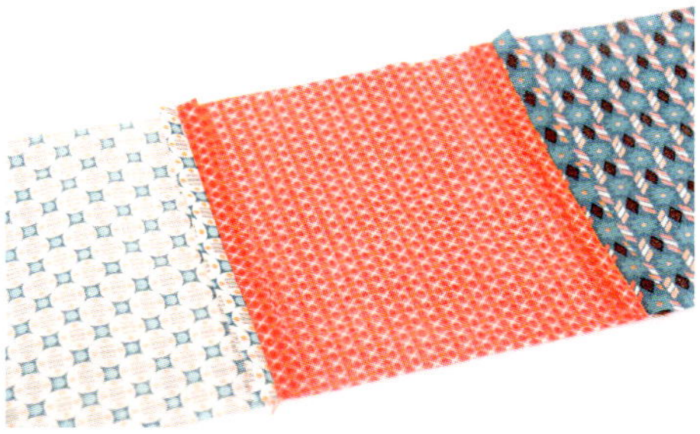

11 ▲

Ouvrez toutes les coutures au fer à repasser.

12 ▲

Placez 2 lignes adjacentes endroit contre endroit. Vérifiez que le montage est bon en vous aidant de la photo prise à l'étape 2.

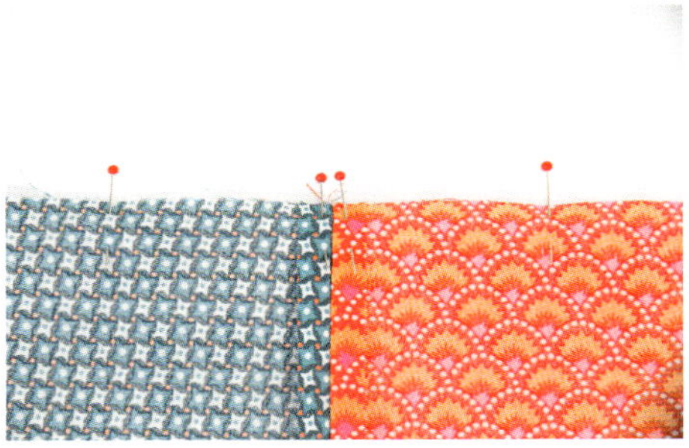

13 ▲

Épinglez chaque surplus de couture en alignant parfaitement les coutures et le long de chaque carré pour avoir de beaux raccords.

14 ▲

Cousez le long à 1 cm du bord en passant **sur** les épingles (c'est le secret pour avoir des raccords parfaits).

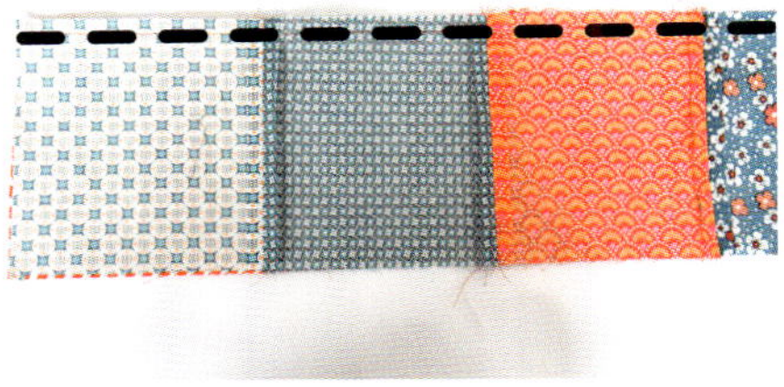

15 ▲

Voici le résultat à cette étape.

16 ▲

Dépliez et admirez les raccords parfaits. Une petite danse de la joie s'impose. Si vos raccords ne sont pas au top, décousez 3 cm avant et après, épinglez de nouveau et recousez en tendant les tissus au besoin.

17 ▲

Répétez les étapes 12 à 16 avec toutes les lignes. N'hésitez pas à contrôler que l'ordre est bon avec la photo prise à l'étape 2.

18 ▲

Ouvrez toutes les coutures au fer.

19 ▶

Le top est terminé, repassez-le soigneusement.

LE QUILT SANDWICH

Plus d'informations sur le quilt sandwich à la page 65.

1▲

Préparez le quilt sandwich.

2▲

Positionnez une épingle sur chaque bloc en commençant par le centre puis épinglez soigneusement le bord.

LE QUILTING

Plus d'informations sur le quilting à la page 69.

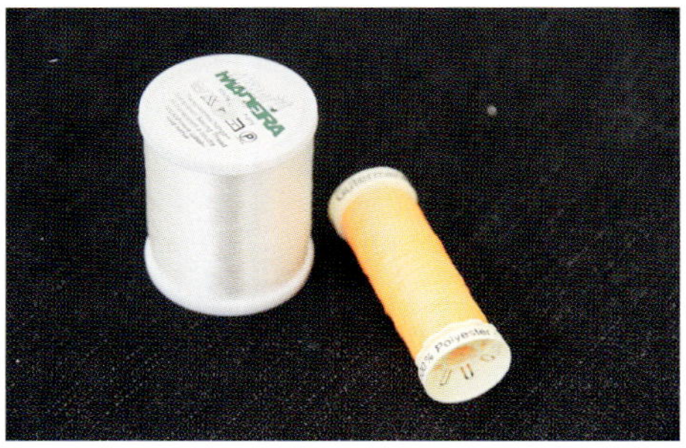

1▲

J'ai choisi un fil orange fluo (côté top) et un fil transparent (côté dessous).

2▲

J'ai souhaité conserver la géométrie du plaid en quiltant des carrés en suivant les coutures d'assemblage du patchwork.

3▲

Voici une photo annotée des surpiqûres.

4▲

L'utilisation du pied à double entraînement offre une réelle différence dans le confort de couture.

LA BANDE DE FINITION

Plus d'informations sur la pose de la bande de finition à la page 83.

J'ai choisi de couper une bande de 12 cm de large que j'ai repliée à la manière d'un biais. La bande une fois cousue fait donc 3 cm de large. Elle est composée des différentes chutes qu'il me restait de mon top.

Vous pouvez transformer les carrés du patch en rectangles ou même en bandes. La technique de montage reste la même.

PROJET PATCH
pixel quilt

Le pixel art est une tendance surfant sur les jeux vidéo rétro. Ces dessins constitués de carrés (pixels) forment un dessin. Vous me voyez venir, il est très facile de s'en inspirer pour réaliser un patchwork. La technique d'assemblage est la même que pour le projet précédent.

CHOIX TISSUS

Pour rendre le dessin le plus visible possible, il va falloir travailler avec des tissus unis et pour apporter un peu de fun jouer sur les textures et motifs. Néanmoins, j'ajoute un bémol quand je parle de motifs. Les petits motifs ou les motifs géométriques ont leur place ici. Mais oubliez les gros motifs ou les tissus multicolores qui n'apporteront pas assez de contrastes.

Pour le pourtour du motif, utilisez un tissu uni ou à petit motif contrastant. Gardez toujours à l'esprit que c'est le dessin principal qui doit attirer l'œil.

LE PIXEL ART

Je vais vous présenter plusieurs exemples que vous reconnaitrez sans doute. Le pixel art est infini, à vous de créer vos propres designs. Vous pouvez utiliser par exemple des logiciels de conversion de points de croix qui feront une bonne base. Sur internet, il est facile de trouver de nombreux exemples. Gardez en tête de minimiser le nombre de carrés total pour ne pas vous retrouver avec un patch composé de 1000 blocs.

Pour les exemples suivants, j'ai essayé de ne pas excéder 12 carrés par ligne et 13 carrés par colonne :

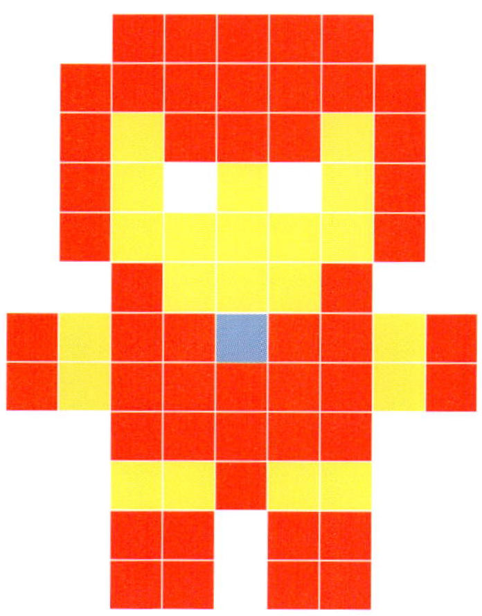

Modèle et Calculs :

Pour ce projet, j'ai choisi de réaliser ce wonder pixel art :

J'ai ajouté une bande en haut, bas et sur les côtés pour que le motif soit centré et mis en valeur.

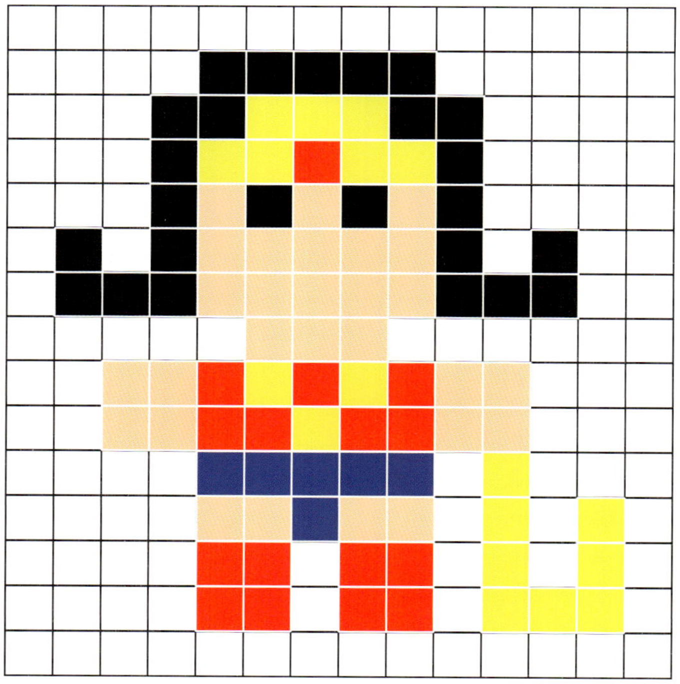

Le patchwork se compose donc de 210 carrés répartis ainsi :

- 14 carrés par ligne
- 15 carrés par colonnes.

J'ai réalisé une couverture enfant et j'ai travaillé avec des carrés de 10 cm de côté (après assemblage) soit 12 cm en ajoutant les marges de couture.

Rendez-vous à la page 102 pour en savoir plus sur le calcul. Cela donnera une couverture finale de 140 x 150 cm.

Remarque

Vous pouvez vous lancer dans des projets plus ambitieux en termes de motif. Il suffit simplement de réduire la taille de chaque bloc et d'augmenter leur nombre. À vous les dessins travaillés, les portraits...

Fournitures pour ce wonder patchwork :

Pour une couverture enfant de 140 x 150 cm réalisée à partir de blocs carrés de **12 cm** de côté :

Couleur du tissu	Nombre de carrés	Tissu nécessaire en cm	
		Laize 110 cm	Laize 140 cm
Jaune	18	30	30
Rouge	16	30	30
Noir	25	40	40
Rose	28	50	40
Bleu	6	15	15
Fond	117	160	140

DIFFICULTÉ : 3/5

MARCHE À SUIVRE

LE PATCHWORK

Suivez à la lettre les étapes détaillées à la page 104.

LE QUILT SANDWICH

Réalisez le quilt sandwich (voir page 65).

LE QUILTING

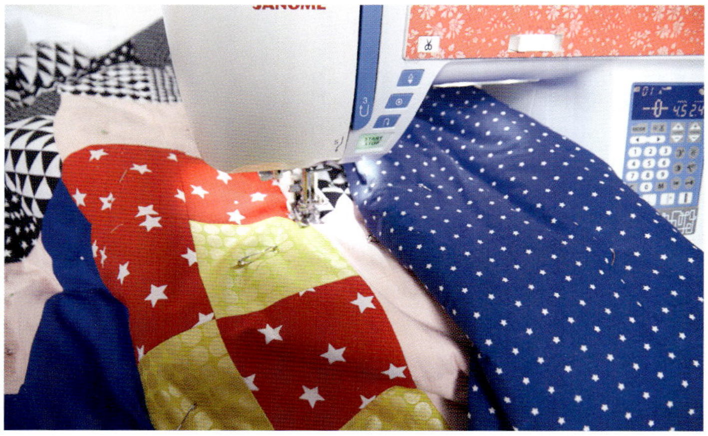

J'ai opté pour un quilting à la machine, avec du fil transparent (côté canette et bobine) le long de la silhouette du personnage (voir page 69).

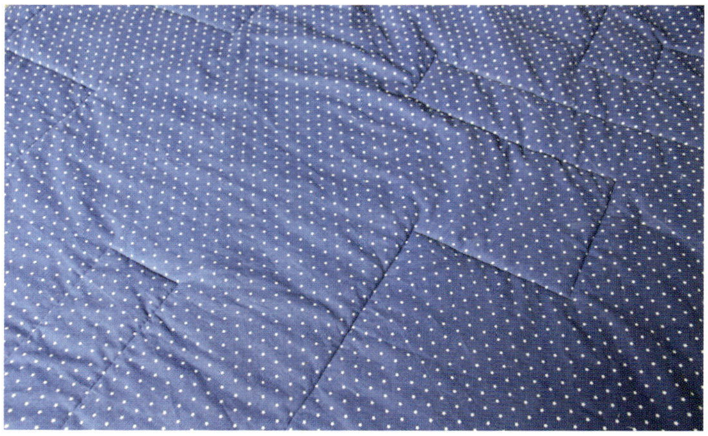

Sur le recto, le quilting est invisible (car cousu sur les coutures d'assemblage des blocs) et sur le verso, on devine la silhouette du personnage.

LA BANDE DE FINITION

J'ai terminé le plaid par une bande de finition contrastante (voir page 83).

PROJET PATCH *triangles*

Les blocs de ce patchwork sont des carrés composés de 2 triangles rectangles (à angle droit). Une fois assemblés tête bêche, ces triangles forment à nouveau des carrés qu'il est très facile d'assembler les uns aux autres.

MODÈLE ET CALCULS :

Les marges de couture sont comprises et sont de 1 cm

Vous trouverez ci-dessous des exemples de découpe pour réaliser un plaid bébé, enfant ou adulte. Vous pouvez évidemment faire à votre sauce pour répondre au mieux à vos besoins.

Usage	En cm				Nombre de carrés	Nombre de blocs en largeur	Nombre de blocs en hauteur
	Dimensions finales	Molleton et dessous (au minimum)	Dimensions des carrés initiaux à couper	Dimensions du carré réassemblé (composé de 2 triangles)			
Bébé	96 x 96	110 x 110	20 x 20	18 x 18	36	6	6
	98 x 98	110 x 110	18 x 18	16 x 16	49	7	7
Enfant	112 x 128	125 x 135	20 x 20	18 x 18	56	7	8
	110 x 121	120 x 130	15 x 15	13 x 13	110	10	11
Adulte	144 x 180	155 x 190	22 x 22	20 x 20	80	8	10
	143 x 165	155 x 180	15 x 15	13 x 13	195	13	15

JANOME

MARCHE À SUIVRE

Les marges de couture sont comprises et sont de 1 cm.

1 ▲

Choisissez les tissus. Je suis partie sur une harmonie contrastante à 3 tons : blanc, noir et moutarde.

2 ▲

Coupez les carrés dans chaque tissu. Mon conseil : faites des tas de 10 carrés que vous pliez ensuite en deux. Cela fait gagner du temps au moment du comptage. Je coupe toujours plusieurs carrés supplémentaires pour faciliter l'agencement.

3 ▲

Positionnez la règle sur la diagonale d'un carré.

4 ▲

Coupez le long pour former 2 triangles rectangles.

5 ▲

Répétez les étapes 3 et 4 avec tous les carrés.

6 ▲

Si vous optez pour la coupe aux ciseaux, tracez une ligne au revers de chaque carré.

7 ▲

Coupez le long du trait.

8 ▲

Placez 2 triangles, endroit contre endroit et épinglez le long du plus grand côté.

9 ▲

Cousez le long à 1 cm du bord **sur** les épingles.

10

Dépliez, vous obtenez un carré.

11

Repassez en ouvrant la couture au fer à repasser. Vous avez terminé un bloc.

12

Pour les tissus à motifs, faites attention au sens pour que les deux tissus soient dans le bon sens.

13

Répétez les étapes 8 à 12 avec tous les autres triangles.

14

Sur un lit, une table ou au sol, positionnez les blocs. Modifiez l'agencement jusqu'à ce que le résultat vous plaise. Prenez une **photo** d'ensemble.

15

Voici la disposition que j'ai utilisée. Une alternance « d'étoiles » et de « losanges ».

16

Il est possible de positionner les blocs de sorte à former des diagonales. Vous pouvez opter aussi pour l'aléatoire. C'est votre plaid, ce sont vos choix !

17

Ramassez les blocs de chaque ligne, dans l'ordre, de manière à former des tas que vous plierez ensuite en deux.

18

Épinglez 2 blocs adjacents d'une même ligne, endroit contre endroit. Faites correspondre les coutures. Vérifiez que l'ordre est bon à l'aide de la photo prise à l'étape 14.

19

Cousez à 1 cm du bord en passant **sur** les épingles pour avoir de beaux raccords.

20

Résultat à cette étape.

21

Raccords au top !

22

Répétez les étapes 18 à 21 avec les autres blocs de la ligne.

23

Ouvrez les coutures au fer à repasser.

24

Notez le numéro de la ligne au dos du premier bloc. Répétez les étapes 18 à 24 avec toutes les lignes du patchwork.

25

Positionnez 2 lignes adjacentes endroit contre endroit. Faites correspondre parfaitement les coutures. Epinglez les surplus de couture et le long des blocs.

26

Cousez à 1 cm du bord **sur** les épingles (c'est le secret pour avoir des raccords parfaits).

27

Répétez les étapes 25 et 26 avec toutes les autres lignes. Ouvrez toutes les coutures au fer.

LE QUILT SANDWICH : plus d'informations à la page 65.

QUILTING : plus d'informations à la page 69.

LA FINITION : plus d'informations à la page 83.

PROJET PATCH
« *tableau* »

Variante du patchwork composé de carrés (page 101), cette technique utilise des bandes de pourtour et d'assemblage inter-bloc permettant de mettre en valeur les blocs à la manière d'un tableau. Je l'ai donc appelé « technique du tableau » sans savoir son nom réel.

Fournitures :

Les fournitures dépendent du nombre de tissus, de leur fréquence d'utilisation dans le patchwork et du rendu voulu. Je vous conseille donc avant toute chose de faire un schéma de la répartition des différents tissus. Vous trouverez une méthode de calcul du métrage à la page 102.

Voici le schéma de montage :

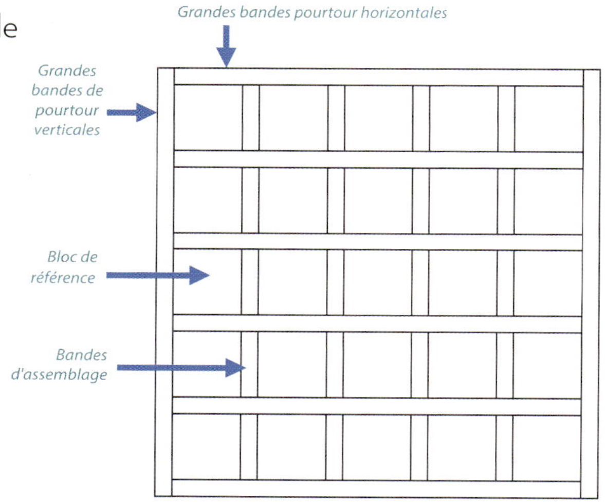

DÉCOUPES

Je vous propose différentes répartitions des éléments composant le patchwork en fonction de la taille souhaitée :

Usages	En cm		En cm				Nombre de blocs en largeur	Nombre de blocs en hauteur	Nombre d'éléments à couper			
	Dimensions finales	Molleton et dessous (au minimum)	Bloc carré	Bande d'assem-blage	Bande de pourtout horizontale	Bande de pourtour verticale			Nombre de blocs	Bandes d'assem-blage	Bandes de pourtour horizontales	Bandes de pourtour verticales
Poupée	40 x 56	50 x 65	18 x 18	4 x 18	36 x 4	4 x 58	2	3	6	3	4	2
Bébé	99 x 97	110 x 110	19 x 19	4 x 19	95 x 4	4 x 99	5	5	25	20	6	2
Enfant	124 x 142	135 x 155	20 x 20	4 x 20	120 x 4	4 x 144	6	7	42	35	8	2
Adulte	141 x 187	150 x 195	22 x22	5 x 22	137 x 5	5 x 189	6	8	48	40	9	2

IDÉE

Pour accentuer le côté « tableau », j'ai brodé chaque bloc avec la technique du piqué libre (voir page 78) en reproduisant des dessins de ma fille.

MARCHE À SUIVRE

Les marges de couture sont comprises et sont de 1 cm.

1 ▲

Assemblez les lignes composant le patchwork. Commencez par le premier bloc et une bande d'assemblage, ensuite le second bloc, une autre bande d'assemblage... jusqu'au dernier bloc de la ligne. Faites de même avec toutes les lignes de blocs.

2 ▲

Ouvrez les coutures au fer à repasser. Numérotez le premier bloc de chaque ligne pour faciliter le reste de l'assemblage.

3 ▲

Positionnez une bande horizontale et la première ligne du patch endroit contre endroit. Vérifiez que les tissus sont dans le bon sens. Épinglez et cousez tout le long. Répétez l'opération avec une seconde bande horizontale. Ouvrez les coutures au fer.

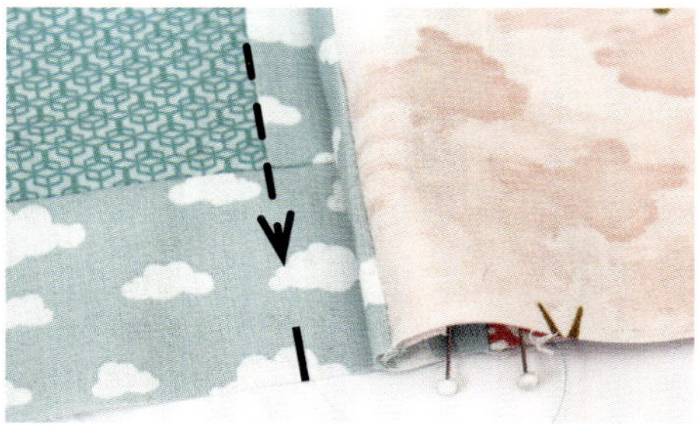

4 ▲

Attention, ce patch comporte des raccords qui sont indirects et donc plus compliqués à respecter. Mon astuce est de faire une marque au crayon au niveau de chaque raccord. Ensuite j'épingle les coutures sur ces marques.

5 ▲

Cousez le long sur les épingles et ouvrez les coutures au fer.

6 ▲

Les raccords sont au top ! Réitérez les étapes 4 et 5 avec toutes les autres lignes et bandes horizontales du patch. Aidez-vous du schéma de la page 120 pour comprendre l'ordre d'assemblage.

7 ▲

Finissez par coudre les 2 bandes verticales à droite et à gauche du patch. Ouvrez les coutures au fer. À partir de ce moment, libre à vous de finir le quilt comme bon vous semble.

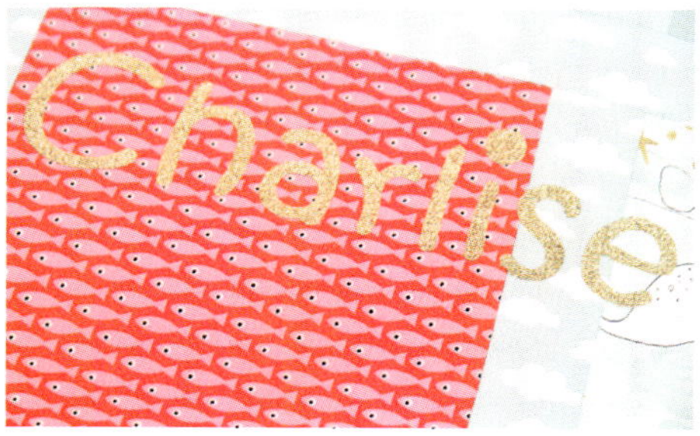

8 ▲

Ici j'ai personnalisé le top avec le prénom de sa destinataire (plus d'informations page 61).

9 ▲

J'ai choisi une finition passepoilée ce qui implique que je ne quilterai pas le plaid (voir page 94).

10 ▲

J'ai placé le molleton au sol. Je l'ai recouvert de la doublure et du top endroit contre endroit.

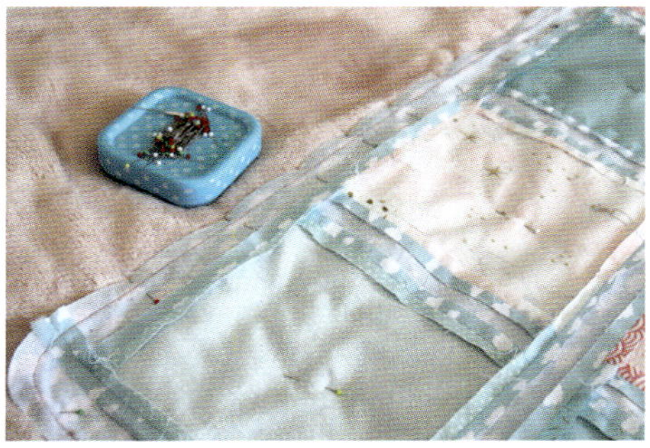

11 ▲

J'ai épinglé soigneusement du centre vers les extrémités du top les 3 épaisseurs ensemble. J'ai coupé grossièrement le surplus de dessous et molleton.

12 ▲

J'ai cousu en suivant la couture de fixation du passepoil à l'étape 10 en laissant une ouverture de 10 cm au milieu d'un des côtés.

13 ▲

J'ai retourné le tout par l'ouverture laissée précédemment que j'ai ensuite fermée à la main (voir page 19) et surpiquée le long à 1 cm d'écart avec le passepoil.

14 ▲

Le plaid est terminé.

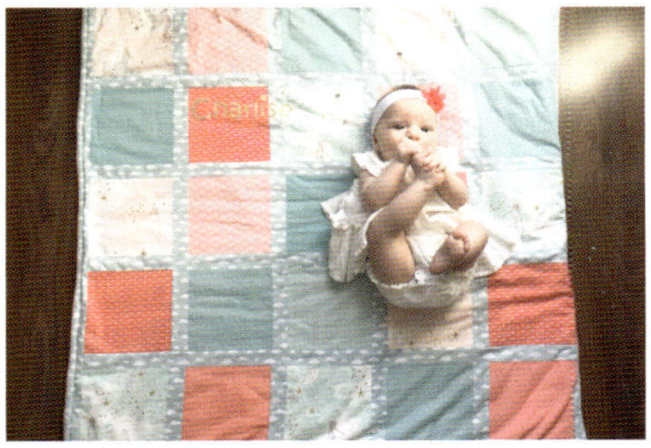

15 ▲

La petite Charlise a l'air de trouver son cadeau de naissance très confortable.

PROJET PATCH
« log cabin »

En patchwork, la technique du «log cabin» est un agencement classique à base de longues bandes de tissus. Il se traduit par «cabane de rondins» qui s'explique par sa méthode de montage. Ce motif, à l'effet très intéressant, se monte assez facilement mais demande une préparation minutieuse du nombre de pièces et de leurs dimensions. À la base, le log cabin est un montage utilisé pour un bloc. L'agencement des différents blocs forme donc un nouveau motif. J'ai décidé de détourner cette technique pour l'utiliser pour le top complet, sans travailler par blocs.

SCHÉMA ET ORDRE DE MONTAGE :

Le montage commence par le centre avec la pièce 1 auquel on assemble la 1', puis la 2, la 2', la 3...

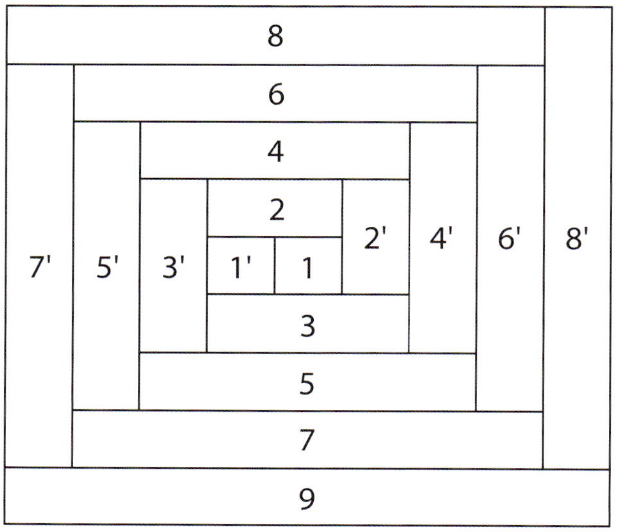

DIFFICULTÉ : 3/5

MODÈLE ET CALCULS :

Une information est nécessaire pour réaliser une version « sur-mesure » :
- la taille du carré de référence (pièce n°1 sur le schéma de montage) : x * x cm.

Fournitures :

Les fournitures dépendent du nombre de tissus, de leur fréquence d'utilisation dans le plaid et du rendu voulu.
Je vous conseille donc avant toute chose de faire un schéma de la répartition des différents tissus. Vous trouverez une méthode de calcul du métrage à la page 102.

Attention

Pour avoir un plaid de forme carrée, vous devez respecter ces 2 consignes :
- le nombre de bandes doit être un multiple de 4 + 1 bande (soit 5, 9, 11, 17, 21, 25... bandes au total).
- les bandes doivent toutes avoir la même hauteur.

Dimensions avec marge de couture de 1 cm incluse					Patch sur mesure Calcul des différentes bandes	
	Pièce numéro	Nombre de pièce à couper	Largeur	Hauteur	Formule de calcul pour la largeur	Hauteur
Plaid bébé 100 x 100 cm	1 et 1'	2	13	13	x	x
	2 et 2'	2	24	13	(x * 2) - 2	x
	3 et 3'	2	35	13	(x * 3) - 4	x
	4 et 4'	2	46	13	(x * 4) - 6	x
	5 et 5'	2	57	13	(x * 5) - 8	x
	6 et 6'	2	68	13	(x * 6) - 10	x
	7 et 7'	2	79	13	(x * 7) - 12	x
	8 et 8'	2	90	13	(x * 8) - 14	x
	9 uniquement pour le plaid bébé	1	101	13	(x * 9) - 16	x
Plaid enfant 144 x 144 cm	9 et 9'	2	101	13	(x * 9) - 16	x
	10 et 10'	2	112	13	(x * 10) - 18	x
	11 et 11'	2	123	13	(x * 11) - 20	x
	12 et 12'	2	134	13	(x * 12) - 22	x
	13	1	145	13	(x * 13) - 24	x
Plaid sur mesure : poursuivre jusqu'à atteindre la dimension finale voulue du plaid						

MARCHE À SUIVRE

Les marges de couture sont comprises et sont de 1 cm.

1 ▲

J'ai choisi mes tissus dans un camaïeu de rose/rouge/corail. Pour mettre en valeur les motifs fleuris, je les ai associés à des unis ou faux unis légèrement contrastants. Pour en savoir plus, consulter la page 22.

2 ▲

Sur un lit, une table ou directement au sol, commencez le montage des tissus en les pliant grossièrement. Cette étape permet d'avoir une vue finale et de vérifier que l'agencement des tissus est agréable. Modifiez l'ordre jusqu'à une totale satisfaction. Il est possible de remplacer cette étape par un croquis ou, pour les geeks, un schéma sur l'ordinateur. Faites une **photo** du résultat.

3 ▲

En vous aidant de la photo, coupez les bandes en fonction de leur ordre dans le montage du log cabin. Pour gagner du temps par la suite et éviter les désagréments, annotez chaque bande au dos avec son numéro de montage.

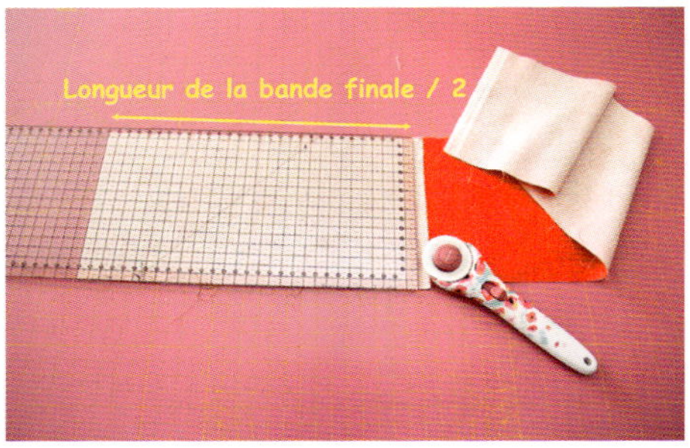

4 ▲

Lisez la page 33 afin d'avoir des astuces pour couper facilement et rapidement des longues bandes de tissu.

5 ▲

On obtient un gros tas de bandes de tissus de longueurs différentes.

6 ▲

Commencez par mettre endroit contre endroit les pièces 1 et 1'. Cousez le long à 1 cm.

7 ▲

Résultat à cette étape.

8 ▲

Ouvrez la couture au fer à repasser.

9 ▲

Répétez les étapes 6 à 8 avec la pièce 2.

10

Ouvrez la couture à chaque assemblage de bande.

11

Réitérez les étapes précédentes avec la pièce 2', puis 3 et ainsi de suite. Vous voyez que la photo prise à l'étape 2 est précieuse.

12

Il se peut que certaines bandes soient trop longues (erreur lors de la coupe). Pas de panique, coupez le surplus au fur et à mesure du montage.

13

Tadam, le patchwork est terminé.

LE QUILT SANDWICH

14

Montez le quilt sandwich (voir page 65) et au choix, commencez à quilter ou non (voir page 69). Dans cet exemple, j'ai opté pour un quilting rectiligne à la machine en suivant les bandes. Mon molleton étant très fin, le matelassage reste discret.

LES FINITIONS

15

Finalisez le plaid (plus d'informations page 83) . J'ai posé ici une bande de 3 cm de large une fois cousue (18 cm de largeur coupée).

PROJET PATCH *clamshell*

Ce patch porte le nom de « clamshell » dans la langue de Shakespeare ou coquillage en français. C'est la technique la plus complexe du livre de par sa longue phase de découpe et son assemblage minutieux. Néanmoins, le jeu en vaut la chandelle, ce patchwork est totalement « waouhhhhhh ». Il est composé de quarts et d'arcs de cercle qui, une fois assemblés, forment des coquillages disposés en quinconce.

PATRON

Les marges de couture sont comprises et sont détaillées dans les étapes de montage. Le patron des 2 gabarits composant le patchwork se trouve sur la page patron.

DIFFICULTÉ : 5/5

Remarque

Avec une bande de tissu de 20 cm de hauteur sur une laize de 110 cm il est possible de couper 6 blocs (chacun composé d'un arc de cercle et d'un quart de cercle), pour une laize de 140 cm 8 blocs.

Fournitures :

Les fournitures dépendront du nombre de tissus que vous souhaitez utiliser et de leur fréquence d'utilisation dans le plaid. Je vous conseille donc avant toute chose de faire un schéma final de ce que vous souhaitez.
Chaque bloc est composé de 2 pièces de tissu et mesure au final 10 x 10 cm. C'est l'alternance et le sens des blocs qui forment le motif de coquillage.

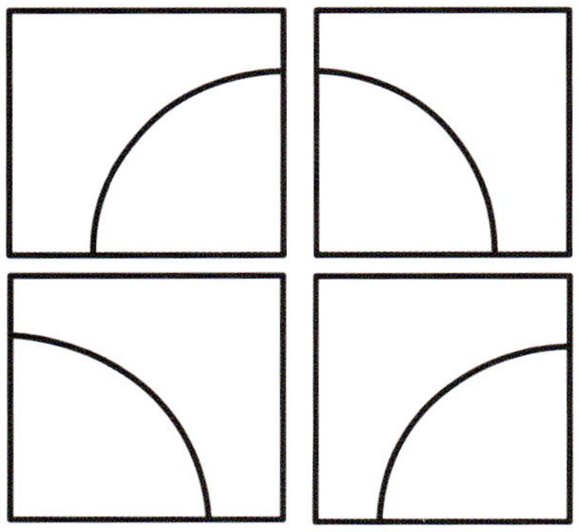

DÉCOUPE :

Les marges de couture sont comprises et sont précisées dans la marche à suivre.
Afin de minimiser les chutes, je vous conseille de couper vos bandes de tissus ainsi :

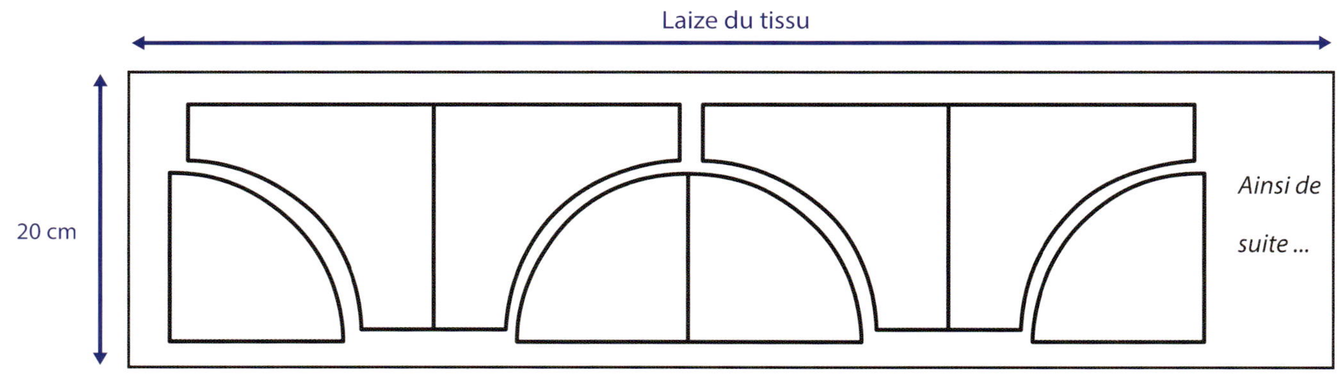

Reportez les 2 gabarits sur un carton léger type bristol puis tracez les formes au crayon au dos du tissu. Ensuite, il est possible d'utiliser son cutter rotatif pour les découpes. Avec l'expérience, il est aussi précis qu'une paire de ciseaux.

Voici des exemples de répartitions des blocs selon l'usage :

Usage	en cm		Nombre de blocs en largeur	Nombre de blocs en hauteur	Total de pièces à couper	
	Dimensions Finales	Molleton et Dessous (au minimum)			Nombre de quarts de cercle	Nombre d'arcs de cercle
Bébé	100 x 100	110 x 110	10	10	100	100
Enfant	110 x 140	120 x 150	11	14	154	154
Adulte	140 x 180	150 x 190	14	18	252	252

MARCHE À SUIVRE

Les marges de couture sont comprises et sont de 0,5 cm pour l'assemblage des blocs et 1 cm pour l'assemblage inter-bloc.

LE PATCHWORK

1 ▲

Coupez les pièces de tissus. Cette étape est la plus longue. N'hésitez pas à la morceler sur plusieurs fois pour ne pas vous lasser ou faites-vous aider.

2 ▲

Pour gagner du temps à l'assemblage, marquez par un coup de ciseaux le milieu de chaque arrondi. Pour cela, il suffit de plier en deux la pièce de tissu et de couper l'angle formé sur 1 ou 2 mm de manière à former un « bec d'oiseau ».

3 ▲

Agencez les pièces de tissu sur un lit ou au sol jusqu'à ce que ça vous plaise. Prenez une **photo** de l'ensemble. Rassembler ensuite toutes les pièces d'une même ligne dans un tas.

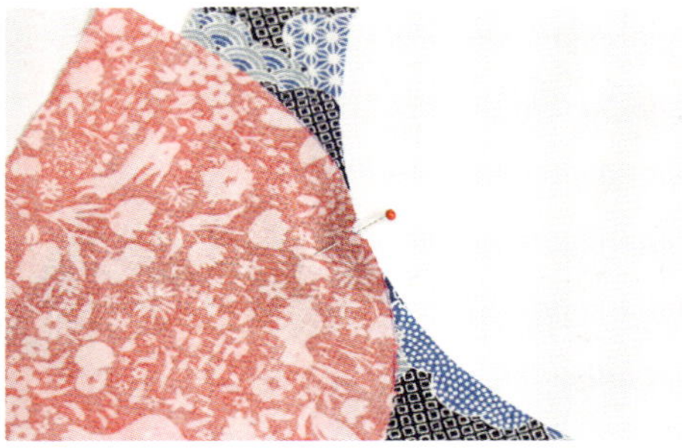

4 ▲

Assemblez 2 pièces adjacentes (toujours un arc et un quart de cercle) endroit contre endroit et épinglez les en faisant coïncider le centre des pièces.

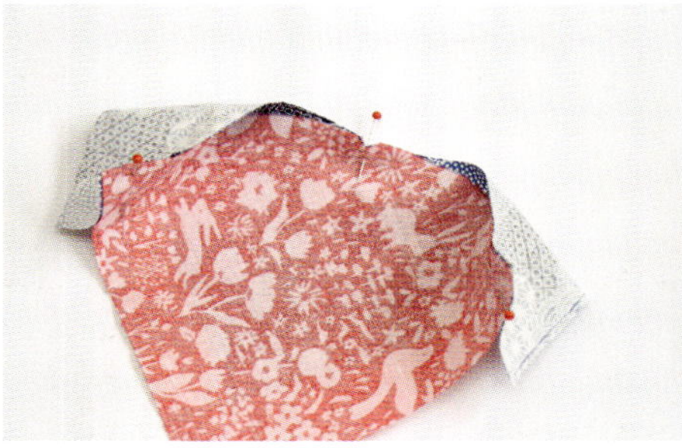

5 ▲

Épinglez ensuite les extrémités, il y a donc seulement 3 épingles posées.

6 ▲

Cousez le long de l'arrondi à 0,5 cm du bord **sur** les épingles.

7 ▲

Vous verrez qu'à 4-5 cm du bas, un amas de tissu va vous gêner et risque de faire des plis.

8 ▲

Piquez l'aiguille dans le tissu, levez le pied de biche et faites basculer le surplus de tissu gênant derrière le pied et reprenez la couture, c'est magique.

9 ▲

Vous pouvez aussi vous aider d'un outil long et pointu comme une paire de ciseaux de précision, un pic à brochette...

10

Vous avez assemblé un bloc. S'il y a des plis, pas de panique, décousez 1 cm avant et après et recousez. La vapeur du fer va aussi faire des merveilles, c'est l'avantage de travailler avec des tissus naturels comme le coton.

11

Couchez la couture vers le haut et repassez soigneusement.

12

Et hop, un bloc assemblé !

13

Il est possible qu'il y ait un surplus de tissu à une extrémité. Cela vient de la coupe qui ne devait pas être exacte. Si ce surplus est faible (-1 cm), coupez-le. S'il est plus important, décousez et recousez le bloc, vous avez sans doute tiré sur le tissu lors de la couture. Répétez les étapes 4 à 13 avec toutes les autres pièces de tissu.

14

Il faut désormais recouper chaque bloc de manière à laisser exactement la marge de couture voulue (ici 1 cm) à la naissance de chaque quart de cercle.

15

Il reste donc exactement 1 cm entre la naissance du quart de cercle (tissu bleu) et le bord brut du tissu aux coquelicots.

16

Répétez l'opération de l'autre côté. Faites de même avec tous les blocs. Vous obtenez des formes bien nettes aux angles droits.

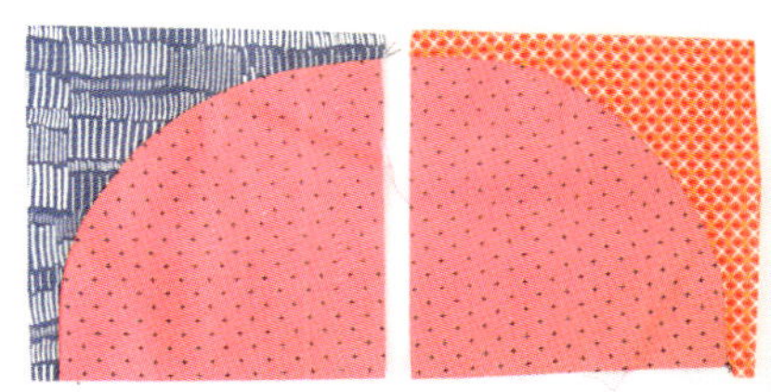

17

Prenez 2 blocs adjacents d'une même ligne. N'hésitez pas à vérifier que l'ordre est bon avec la photo prise à l'étape 3.

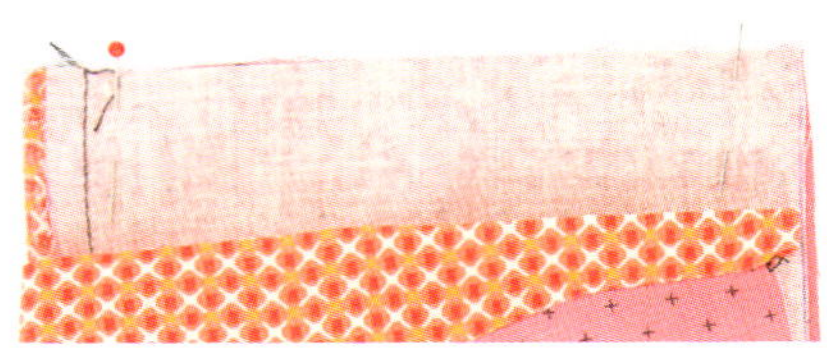

18

Positionnez les 2 blocs endroit contre endroit en faisant correspondre les coutures.

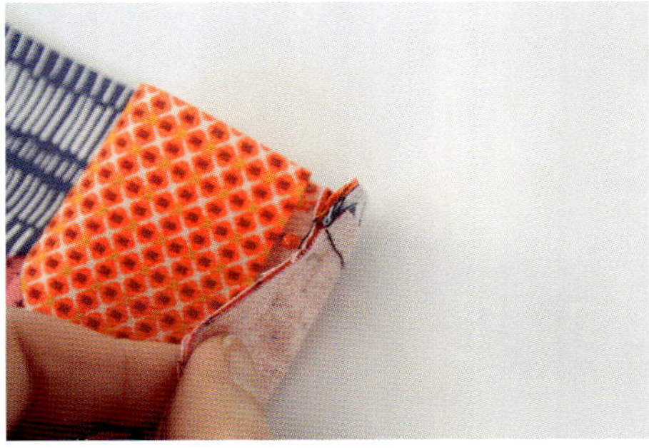

19 ▲

Épinglez soigneusement.

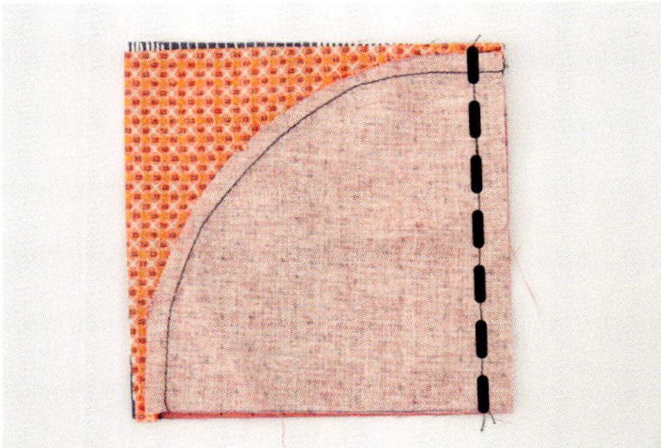

20 ▲

Cousez **sur** les épingles afin que les tissus ne bougent pas et que les raccords soient beaux.

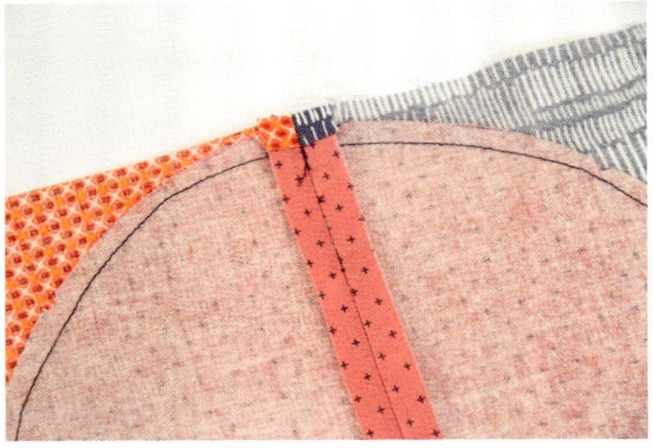

21 ▲

Ouvrez la couture au fer à repasser.

22 ▲

Les raccords doivent être jolis. Dans le cas contraire, n'hésitez pas à découdre sur quelques centimètres et recousez en tendant légèrement le tissu.

23 ▲

Positionnez le bloc suivant endroit contre endroit. Épinglez le long en superposant parfaitement les coutures.

24 ▲

Cousez tout le long **sur** les épingles. La couture doit finir par recouvrir la couture arrondie du bloc.

25 ▲

Voici ce que vous devez obtenir. Continuez ainsi pour tous les blocs et toutes les lignes du patchwork.

26 ▲

À cette étape, vous avez constitué les lignes qui forment le patchwork. Positionnez 2 lignes de blocs adjacentes endroit contre endroit. Épinglez chaque surplus de couture minutieusement.

27 ▲

Cousez le long **sur** les épingles. La couture doit se superposer au niveau des surplus de couture sur la couture précédente.

28 ▲

Les raccords doivent être jolis.

29 ▲

Une fois toutes les lignes du patchwork assemblées, on peut souffler ! Une petite danse de la joie s'impose. Ouvrez les dernières coutures au fer. Le top est terminé !

30 ▲

Afin que la bande de finition ne recouvre pas les beaux coquillages, vous pouvez ajouter une bande de pourtour (qui aura la taille de la bande de finition une fois cousue (plus d'informations à la page 53)).

31 ▲

Couchez les coutures du côté de la bande de pourtour.

LE QUILT SANDWICH

Plus d'informations sur le quilt sandwich à la page 65.

LE QUILTING

Plus d'informations sur le quilting à la page 69.

Ce patchwork permet toutes les fantaisies pour les motifs de quilt. Vous pouvez par exemple souligner chaque arrondi en quiltant dans les coutures existantes ou dans les coquillages à 1 cm du bord.

LA BANDE DE FINITION

Plus d'informations sur la pose de la bande de finition à la page 83.

J'ai choisi de poser une bande de finition de 3 cm une fois cousue. Elle cache parfaitement la bande de pourtour que j'ai fixée à l'étape 30 et ne recouvre pas les coquillages.

PROJET PATCH
nid d'abeille

Sous ses airs de projet complexe, ce patchwork est d'une simplicité enfantine. Il est composé de demi-hexagones qui une fois assemblés tête bêche vont donner l'illusion d'hexagones entiers.

PATRON

Les marges de couture sont comprises et sont de 1 cm

Le gabarit de découpe du demi-hexagone se trouve sur la page patron.

DÉCOUPE :

Un bloc est composé de 2 demi-hexagones. L'hexagone complet une fois réassemblé dans le patchwork mesure 18 x 19 cm.

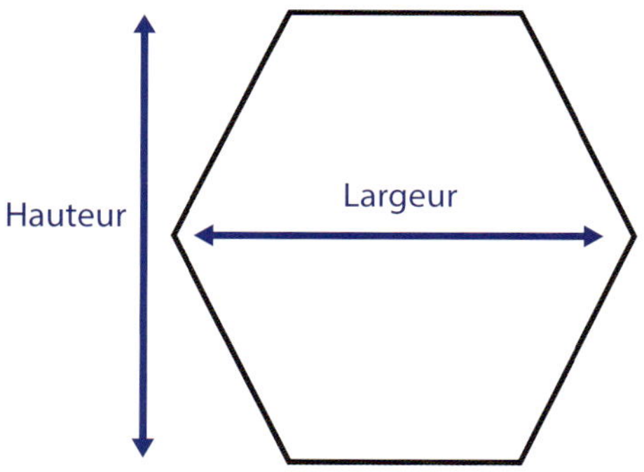

Fournitures :

Les fournitures dépendent de la taille du plaid souhaitée. Je vous conseille de coucher sur le papier votre projet et d'indiquer les différents tissus que vous souhaitez utiliser.

Pour information, vous pouvez couper 6 demi-hexagones dans une bande de tissu de 15 cm de haut sur 110 cm de large et 8 dans un tissu de 140 cm de laize.

Reportez le gabarit sur du carton léger type Bristol. Tracez ensuite les formes au crayon sur le dos du tissu. Pour gagner du temps, utilisez votre règle à patchwork et votre cutter rotatif si vous en disposez.

Afin de minimiser les chutes, je vous conseille de couper vos bandes de tissu de 15 cm de haut ainsi :

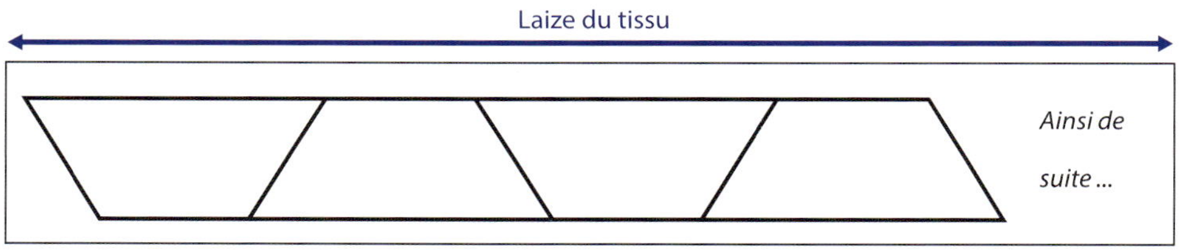

Je vous propose différentes répartitions des demi-hexagones en fonction de l'usage :

Usage	en cm		Nombre de demi-hexagones en largeur	Nombre de demi-hexagones en hauteur	Nombre de demi-hexagones à couper
	Dimensions Finales	Molleton et Dessous (au minimum)			
Bébé	102 x 99	110 x 110	12	11	132
Enfant	110 x 135	120 x 145	13	15	195
Adulte	153 x 180	170 x 190	18	20	360

Astuce

Ce patchwork sera visuellement plus harmonieux si vous utilisez des tissus qui ne nécessitent pas de raccords.

MARCHE À SUIVRE

Les marges de couture sont comprises et sont de 1 cm.

LE PATCHWORK

1 ▲

Coupez les pièces de tissus.

2 ▲

Agencez les pièces de tissus sur un lit ou au sol jusqu'à ce que le résultat vous plaise. Prenez une **photo** de l'ensemble.

3 ▲

Rassemblez les pièces de tissu par ligne, faites-en des tas que vous plierez ensuite en deux. Il suffit ensuite de superposer les tas les uns sur les autres pour que tout reste dans le bon ordre.

4 ▲

Placez 2 pièces de tissu adjacentes endroit contre endroit et épinglez.

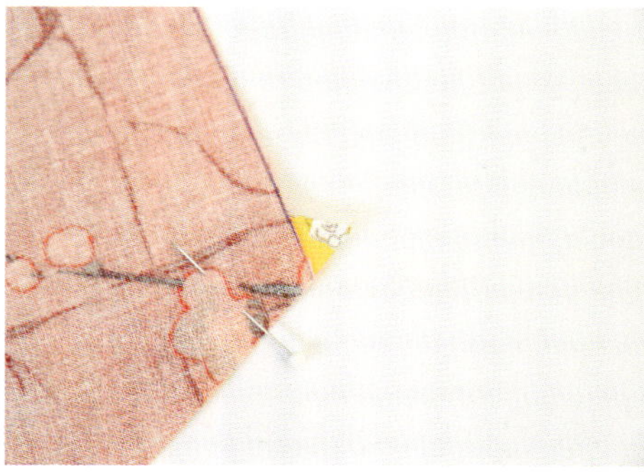

5 ▲

Les pièces doivent être décalées de la valeur de la marge de couture soit 1 cm

6 ▲

Idem à l'autre extrémité.

7 ▲

Cousez le long **sur** les épingles. La couture débute et se termine exactement à l'intersection des tissus.

8 ▲

Ouvrez la couture au fer à repasser.

9 ▲

Répétez les étapes 4 à 8 avec tous les autres blocs de la ligne puis avec toutes les lignes composant le patch.

10 ▲

Prenez 2 lignes adjacentes. Vous pouvez contrôler que le montage est bon avec la photo prise à l'étape 2.

11 ▲

Positionnez les lignes endroit contre endroit et faites correspondre parfaitement les surplus de couture. Épinglez chaque surplus de couture et cousez **sur** les épingles.

12 ▲

Ouvrez les coutures au fer à repasser.

13 ▲

Les raccords doivent être jolis. Si ce n'est pas le cas, décousez sur quelques centimètres avant et après et recousez en tendant légèrement les tissus.

14 ▲

Répétez le même processus avec toutes les lignes composant le patchwork.

15 ▲

Coupez le surplus de tissu sur les côtés.

16 ▲

Vous obtenez un rectangle (ou carré) bien net.

17 ◀

Afin que la bande de finition ne recouvre pas les nids d'abeille, vous pouvez ajouter une bande de pourtour (qui aura la taille de la bande de finition une fois cousue (plus d'informations à la page 53)).

LE QUILT SANDWICH

Plus d'informations sur le quilt sandwich à la page 65.

LE QUILTING

Plus d'informations sur le quilting à la page 69.

J'ai choisi la technique du quilt partiel ici.

LA BANDE DE FINITION

Plus d'informations sur la pose de la bande de finition à la page 83.

J'ai choisi de poser une bande de finition de 4 cm une fois cousue.

SAC JULES

Jules est le sac fourre-tout par excellence. Il vous accompagnera au marché, à la plage ou chez la nounou. Vous verrez, vous ne le quitterez plus.

LE PATCHWORK À BASE DE TRIANGLES ISOCÈLES

L'assemblage de triangles isocèles est un classique du patchwork qui est facile à mettre en œuvre et donne un résultat dynamique et intemporel.

Fournitures :

Le patchwork : cotonnade, jean léger, lin
Doublure : cotonnade, cretonne, jean, coton enduit
Facultatif : une pression pour fermer le sac

Vous pouvez couper 10 triangles tête bêche dans une bande de tissu de 110 cm de laize sur 25 cm de haut (et 14 triangles dans une laize de 140 cm).

Vous aurez besoin de 28 triangles pour réaliser les 2 faces extérieures du sac.

DIFFICULTÉ : 2/5

DIMENSIONS :
Hauteur : 38 cm,
Largeur : 48 cm,
Profondeur : 15 cm

PATRON

Les marges de couture sont comprises et sont de 1 cm.

Face : Voir la page patron. Pièce à couper 2 fois dans le patchwork et 2 fois dans la doublure
Bande de pourtour : Voir la page patron. Pièce à couper 2 fois dans le tissu extérieur et 2 fois dans la doublure
Anses : Rectangle de 60 cm (largeur) x 16 cm (hauteur) à couper 2 fois (tissu extérieur)
Poche : Rectangle de 25 cm (largeur) x 18 cm (hauteur) à couper 1 fois dans le tissu extérieur et 1 fois dans la doublure

Astuce

Si vous utilisez des tissus fins, je vous conseille de thermocoller vos pièces de doublure uniquement avec de la Vliesline H250 ou plus épaisse.

MARCHE À SUIVRE

Les marges de couture sont comprises et sont de 1 cm.

LE PATCHWORK

1▲

Pour faciliter la découpe des triangles, travaillez avec des bandes de tissus de 20 cm de haut (plus d'informations sur la coupe à la page 33).

2▲

Pliez la bande en deux, endroit contre endroit. À une extrémité, placez le gabarit du triangle, épinglez et coupez. Placez de nouveau le gabarit la tête en bas le long de la précédente découpe.

3▲

Coupez de nouveau le long du gabarit. Cette méthode permet de couper 2 triangles à la fois et minimise les chutes.

4▲

Disposez 14 triangles sur une table ou un lit jusqu'à ce que l'agencement vous convienne. Les triangles sont disposés tête bêche, 7 par ligne. Prenez une **photo**. Reproduisez la même chose pour l'autre face du sac.

5▲

Faites des tas avec les triangles de chaque ligne en respectant leur sens et leur ordre.

6▲

Placez les 2 premiers triangles d'une ligne, endroit contre endroit. Épinglez.

7▲

Cousez le long du grand côté à 1 cm du bord brut. Comme l'étape 5 de la page 138, veillez à ce que les triangles soient décalés de 1 cm.

8▲

Dépliez les triangles et ouvrez la couture au fer à repasser.

9▲

Voici le résultat à cette étape.

10▲

Répétez les étapes 6 à 9 avec le 3e triangle.

11▲

Faites de même avec tous les autres triangles des 2 lignes.

12▲

Vous obtenez 2 lignes de 7 triangles.

13▲

Placez les 2 lignes endroit contre endroit. Faites correspondre le surplus de couture.. Épinglez.

14▲

Cousez le long **sur** les épingles pour être certaine que les raccords soient bons.

15▲

La couture doit passer exactement sur la pointe de chaque triangle créée lors de la couture d'assemblage.

16▲

Ouvrez au fer à repasser la couture d'assemblage.

17▲

Vérifiez vos raccords. S'ils ne sont pas top, décousez sur 2 cm avant et après et recousez en tirant légèrement les tissus.

18▲

Reportez le gabarit de la face du sac dans du papier patron. Utilisez-le sur le patchwork. Faites de même avec la seconde face du sac dans le second patchwork.

L'ASSEMBLAGE DU SAC :

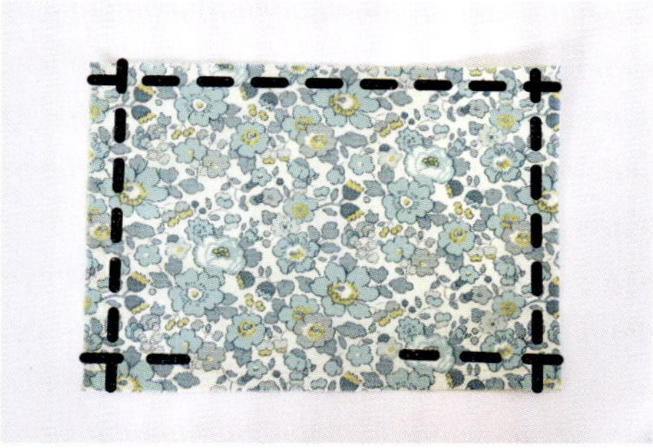

19

Placez les 2 morceaux de la poche endroit contre endroit. Cousez le long des 4 côtés en laissant une ouverture de 6-7 cm au milieu du bas.

20

Dégarnissez les 4 angles.

21

Retournez délicatement la poche par l'ouverture. Sortez les angles à l'aide d'une aiguille à tricoter ou baguette chinoise et repassez soigneusement.

22

Surpiquez à 0,5 cm (largeur du pied de biche) du haut de la poche pour plus de tenue. L'ouverture laissée à l'étape 19 est toujours présente en bas de la poche.

23

Pliez la bande composant une anse à la manière d'un biais. D'abord en deux, dépliez puis repliez chaque extrémité sur le pli central. Pliez enfin le tout en deux. Aidez-vous du fer à repasser.

24

Surpiquez à quelques millimètres de part et d'autre de l'anse.

25

Répétez les étapes 23 à 24 avec la seconde anse.

26

Placez la poche sur une face en doublure du sac (à 8 cm du haut et 14 cm du côté). Épinglez. Cousez à 2 mm le long des 3 côtés. Cette couture va refermer l'ouverture laissée à l'étape 19.

27

Prenez les 2 pièces en tissu extérieur composant la bande de pourtour. Elles doivent être crantées sur 0,5 cm entre les repères indiqués sur la page patron pour faciliter la pose.

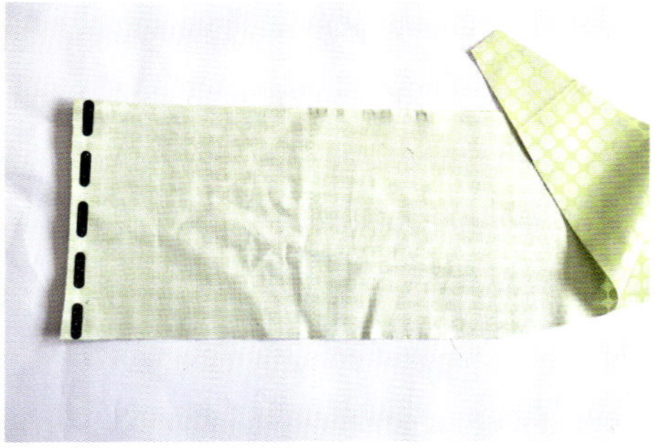

28 ▲

Positionnez endroit contre endroit les 2 pièces de la bande (tissu extérieur) et cousez à 1 cm du bord.

29 ▲

Ouvrez la couture au fer à repasser.

30 ▲

Prenez une face extérieure du sac. Épinglez la bande de pourtour en faisant correspondre le milieu de la bande et le milieu du bas de la face du sac. Continuez d'épingler en remontant des 2 côtés.

31 ▲

Les crans réalisés à l'étape 27 vont vous aider à mieux épouser l'arrondi.

32 ▲

Cousez à 1 cm du bord. Commencez au milieu de la bande et remontez sur un des côté. Recommencez du centre vers l'autre côté. Cousez **sur** les épingles pour éviter que les tissus ne bougent. Faites de même avec la seconde face du sac. Si la bande est trop longue, coupez le surplus de tissu après couture.

33 ▲

Reproduisez les étapes 27 à 32 avec la doublure. Laissez une ouverture de 10 cm au milieu d'un des côtés pour pouvoir retourner l'ouvrage.

34 ▲

Placez une anse sur une des faces en tissu extérieur du sac au niveau des repères de la pièce patron. Attention de ne pas vriller l'anse.

35 ▲

Cousez à 0,5 cm du bord afin de rendre les pièces solidaires. Pour faciliter la pose pour la suite, je positionne une épingle à 10 cm en bas de l'anse, cela permet de la maintenir bien droite. Faites de même avec la seconde anse sur l'autre face du sac.

36 ▲

Mettez les sacs l'un dans l'autre, endroit contre endroit. Les anses sont prises en sandwich entre les 2 couches de tissus.

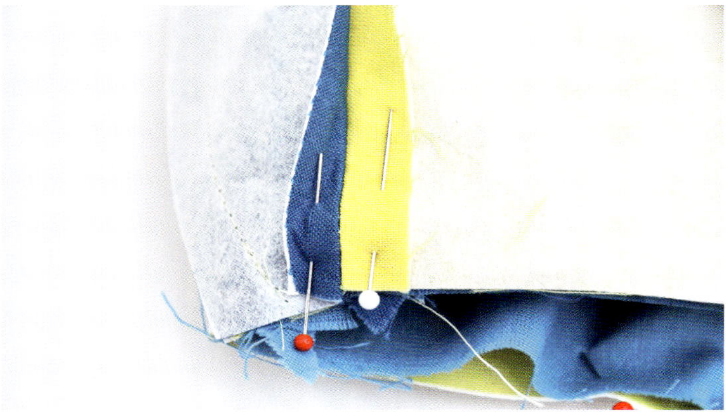

37▲

Ouvrez les coutures d'assemblage et alignez-les. Épinglez chaque surplus de couture et le long.

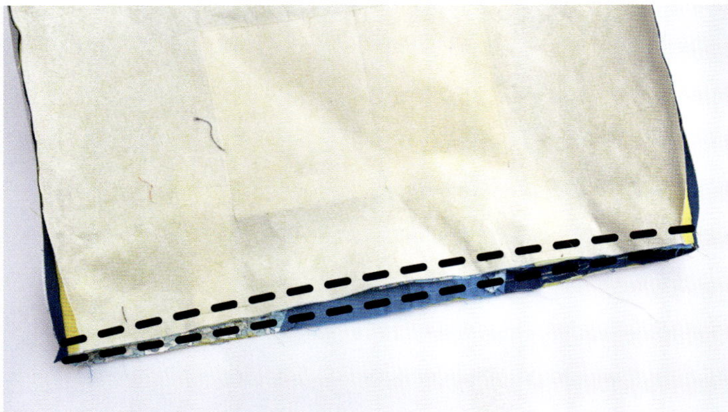

38▲

Cousez le long à 1 cm du bord. Faites des allers-retours au niveau des anses pour que ce soit bien solide.

39▲

Retourner le tout par l'ouverture laissée dans la doublure à l'étape 33.

40▲

Placez la doublure dans le sac, positionnez correctement les tissus, épinglez et repassez. Surpiquez à 0,5 cm du bord. Fermez l'ouverture laissée à l'étape 33 dans la doublure à la main (voir page 19).

41◄

[Facultatif] Placez une pression au milieu pour pouvoir fermer le cabas.

JEAN
le cabas recup

Jean est un cabas taille XXL, réalisé ici en tissu de récup. Sa grande capacité en fait le compagnon idéal des weekend à la mer ou des excursions familiales.

LE PATCHWORK A BASE DE TRAPEZES

Le patchwork est composé de trapèzes assemblés dans un sens et dans l'autre. L'utilisation de formes géométriques simples donne un montage très facile pour un effet « waouhh ».

Remarque : Les trapèzes étant faciles à reproduire, leurs dimensions sont facilement adaptables pour réaliser un sac plus petit.

Fournitures :

Le patchwork se prêtent particulièrement bien au recyclage de vieux tissus.
Ici, j'ai réalisé ce sac à l'aide de pantalons en jean et d'une chemise trouée.
J'ai utilisé pour le faire 2 jeans homme, 2 jeans enfants et une chemise homme.
Vous pouvez évidemment utiliser les tissus que vous souhaitez. S'ils sont fins, je vous conseille de thermocoller toutes les pièces de **doublure uniquement** avec un thermocollant moyen type Vliesline H250.

DIFFICULTÉ : 2/5

DIMENSIONS :
Hauteur : 45 cm,
Largeur : 42 cm,
Profondeur : 19 cm

Remarque

Vous pouvez couper 8 trapèzes dans une bande de tissu de 110 cm par 15 cm de haut (10 trapèzes pour un tissu de 140 cm de laize).
Vous aurez besoin de 40 trapèzes pour réaliser les 2 faces extérieures du sac.

PATRON

Gabarit Trapèze : Reportez-vous à la page patron et coupez 40 trapèzes.

Faces : 1 rectangle de 44 cm (largeur) x 47 cm (hauteur) à couper 2 fois dans le patchwork et 2 fois dans la doublure.

Fond : 1 rectangle de 46 cm (largeur) x 21 cm (hauteur) à couper 1 fois dans le tissu extérieur et 1 fois dans la doublure.

Côtés : 2 rectangles de 19 cm (largeur) x 47 cm (hauteur) à couper 2 fois dans le tissu extérieur et 2 fois dans la doublure.

Anses : 2 x 60 cm de ruban gros grain, bande de cuir…

Vous pouvez fabriquer vos propres anses et utilisez celles du sac Jules (page 144).

MARCHE À SUIVRE

Les marges de couture sont comprises et sont de 1 cm.

LE PATCHWORK ET LA DÉCOUPE DES VÊTEMENTS :

1 ▲

J'ai choisi d'utiliser des jeans usagés et une chemise trouée.

2 ▲

Coupez les jambes du jean en suivant la couture de côté pour perdre le moins de tissu possible.

3 ▲

Découpez chaque fesse pour conserver les poches.

4 ▲

Coupez le gabarit du trapèze dans du carton fin et reportez la forme au dos des tissus. Vous pouvez utiliser le jean d'un côté comme de l'autre pour varier les couleurs. N'oubliez pas de retourner la forme pour varier le sens des trapèzes.

5 ▲

Agencez les trapèzes au sol ou sur un lit. Faites 5 lignes de 4 trapèzes.

6 ▲

Positionnez 2 trapèzes endroit contre endroit et épinglez. Faites dépasser l'un des trapèzes de 1 cm (voir étapes 5 et 6 page 138).

7 ▲

Cousez le long du grand côté à 1 cm du bord brut.

8 ▲

Ouvrez la couture au fer et reprenez les étapes 5 et 6 avec tous les trapèzes de la ligne. Faites de même avec toutes les lignes composant le patch.

9 ▲

Positionnez endroit contre endroit chaque ligne en alignant (s'il y a), les raccords. Cousez **sur** les épingles.

10

Ouvrez les coutures au fer. Reprenez le montage avec la 3e ligne.

11

Si les coutures ont été parfaitement superposées, les raccords sont top. Si ce n'est pas le cas, décousez sur 3 cm avant et après le raccord, épinglez et recousez.

12

Le patchwork est terminé. Refaites la même chose avec la seconde face du sac.

13

Coupez les faces du sac dans chacun des patchworks.

14

J'ai utilisé une chemise pour les pièces de doublure. Si vous avez une patte de boutonnage, cousez le long afin qu'elle ne puisse plus s'ouvrir. Si la chemise a des poches, veillez à les mettre dans le bon sens afin de pouvoir les utiliser une fois le sac cousu.

15

Un de mes côtés de sac est composé de 2 poches arrières de jean assemblées l'une à l'autre.

16

Veillez à ce qu'il y ait un peu plus d'1 cm de part et d'autre des extrémités de la poche pour ne pas avoir à coudre sur les épaisseurs.

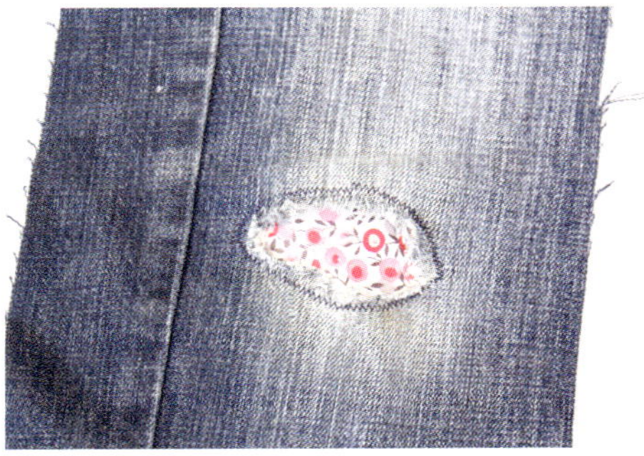

17

Pas de panique si votre jean a des trous. Coupez les fils qui dépassent et placez une pièce de tissu au dos. Épinglez et cousez autour du trou avec un point zigzag.

18

Au verso, coupez le surplus de tissu.

19 ▲

Placez un côté sur le fond, endroit contre endroit. Veillez à faire attention au sens des côtés. Centrez la pièce de côté, car elle est 2 cm moins large que le fond. Cousez le long.

20 ▲

Faites de même avec la seconde pièce de côté. Ouvrez les coutures au fer.

21 ▲

Placez une des faces du sac endroit contre endroit sur le fond.

22 ▲

Superposez parfaitement les marges de couture.

23 ▲

La couture d'assemblage des côtés correspondent avec la face.

24 ▲

Une fois la couture ouverte au fer, voici ce que l'on obtient.

25 ▲

Répétez les étapes 20 à 24 avec la seconde face du sac.

26 ▲

Assemblez les côtés avec les faces du sac, endroit contre endroit. Superposez les coutures ouvertes, épinglez et cousez tout le long.

27 ▲

Faites de même avec le reste.

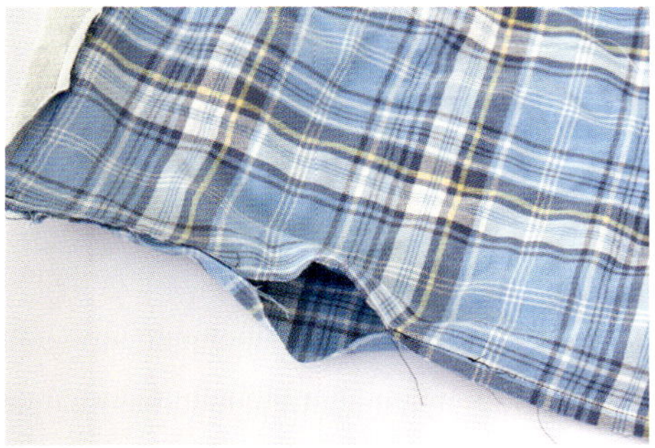

28 ▲

Répétez les étapes 19 à 27 avec la doublure. Laissez une ouverture d'environ 10 cm au milieu d'un côté à l'étape 26 pour permettre de retourner l'ouvrage une fois assemblé.

29 ▲

Cousez les anses sur les faces en tissu extérieur, à 8 cm des côtés. Surpiquez à 0,5 cm en faisant plusieurs allers-retours.

30 ▲

Mettez les sacs l'un dans l'autre, endroit contre endroit. Épinglez soigneusement en alignant les coutures ouvertes. Les anses sont prises en sandwich entre les 2 épaisseurs de tissu. Cousez le long. Vous pouvez libérer le bras libre de la machine pour vous faciliter la tâche.

31 ▲

Voici le résultat.

32 ▲

Rentrez la doublure dans le sac et épinglez soigneusement le haut des tissus. Surpiquez à 1 cm du bord tout autour. Fermez l'ouverture du sac laissée à l'étape 28. Le sac est terminé !

LUCIENNE :
la jupette

Lucienne est une jupe patchwork à la coupe simple mais au rendu original. Sa taille est élastiquée uniquement au dos (pour le confort et le look) et ses finitions intérieures parfaites en font une jupette très appréciée. Et pour plus de simplicité (et rapidité), le tuto vous présente une version dans un seul tissu.

TAILLES PROPOSÉES :

Voici le tableau de mensurations pour choisir au mieux la taille.

	2 ans	3 ans	4 ans	5 ans	6 ans	7 ans	8 ans	9 ans	10 ans	12 ans
Stature (en cm)	86,0	98,0	104,0	110,0	116,0	122,0	128,0	134,0	140,0	152,0
Tour de taille	50,0	52,0	53,0	54,0	55,0	55,5	56,5	57,5	58,0	60,0

Fournitures :

- Du tissu non stretch souple type popeline, viscose, cotonnade, chambray, jean ou velours léger, jacquard fin
- Un élastique souple de 2,5 cm de large

Taille	**2 ans**	**3 ans**	**4 ans**	**5 ans**	**6 ans**	**7 ans**	**8 ans**	**9 ans**	**10 ans**	**12 ans**
Métrage tissu (laize 110 cm) pour réaliser la jupe dans un seul tissu	**70**	**75**	**80**	**85**	**90**	**95**	**100**	**105**	**110**	**120**
Elastique de 2,5 cm de large	**23**	**24**	**24**	**24,5**	**25**	**25**	**25,5**	**26**	**26**	**26**

Pour une jupe patchwork, le métrage des différents tissus dépend de leur nombre et répartition.
Réalisez un schéma pour calculer au mieux ce dont vous aurez besoin.

DIFFICULTÉ : 3/5

Astuce

Pour avoir une jupe légère et flatteuse, choisissez un tissu fin et souple. Pour une jupe volumineuse, utilisez un tissu épais type jacquard ou cretonne ou ajoutez 2 panneaux au patchwork des pièces devant et dos.

Patron :

Le patron permet de réaliser une jupe patchwork avec un assemblage de différents tissus ou une jupe "simple" composée d'un seul tissu.

Taille		2 ans	3 ans	4 ans	5 ans	6 ans	7 ans	8 ans	9 ans	10 ans	12 ans
Ceinture Devant et Dos	**Largeur de la ceinture devant** *(à couper 1 fois dans le tissu extérieur et 1 fois dans la doublure)*	30,0	31,0	32,0	32,5	33,0	33,5	34,0	34,5	35,5	37,0
	Largeur de la ceinture dos *(à couper 1 fois dans le tissu extérieur et 1 fois dans la doublure)*	37,0	38,0	39,0	40,0	41,0	43,0	45,0	45,5	46,0	49,0
	Hauteur ceinture	5,5	5,5	5,5	5,5	5,5	5,5	5,5	5,5	5,5	5,5
Jupe patchwork	**Largeur des panneaux**	14,0	14,5	15,0	15,0	15,5	15,5	16,0	16,0	13,5	14,5
	Hauteur des panneaux	28,5	31,5	34,5	36,5	38,5	40,5	42,5	45,5	47,5	51,5
	Nombre de panneaux à couper	10	10	10	10	10	10	10	10	12	12
Jupe Simple *(à couper 2 fois)*	**Largeur de la jupe**	58	60	62	63	64	65	66	67	69	72
	Hauteur de la jupe	28,5	31,5	34,5	36,5	38,5	40,5	42,5	45,5	47,5	51,5

MARCHE À SUIVRE

1

Pour faciliter la couture à l'anglaise (pour des finitions parfaites), tracez une ligne à 1.5 cm le long des 2 grands côtés sur le revers de chaque panneau.

2

Positionnez 2 panneaux adjacents, **envers contre envers.**

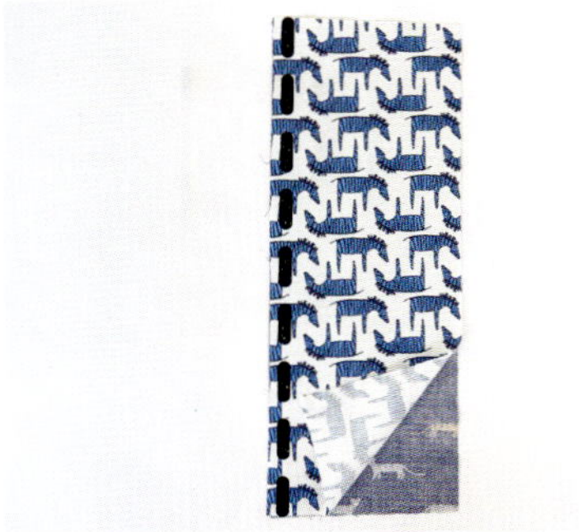

3

Cousez à 0,5 cm du bord.

4

Ouvrez la couture au fer à repasser.

5

Retournez les panneaux le long de la couture, **endroit contre endroit**. Cousez à 1 cm du bord, sur la ligne tracée à l'étape 1.

6

Reproduisez les étapes 2 à 5 avec tous les panneaux de la jupe devant.

7

Couchez les surplus de couture au fer à repasser du côté du tissu le plus foncé. Reproduisez toutes les étapes précédentes avec les panneaux composant la jupe dos.

8

Pliez le panneau de la jupe devant en deux.

9

Coupez légèrement l'angle formé en haut de la jupe, on appelle ça un « bec d'oiseau ».

10

Cette technique permet de marquer facilement le milieu d'une pièce. Faites la même chose avec les 4 pièces de la ceinture.

11

Changez la couleur du fil de canette et réglez le point droit au plus long (5 sur ma machine). Réalisez une couture à 0.5 cm du bord haut du panneau de la jupe, en commençant et finissant à 1.5 cm du bord. Laissez 10 cm de fil en début et fin de couture. Ne faites pas de point d'arrêt. Faites une seconde couture à 1 cm de la précédente avec les même réglages.

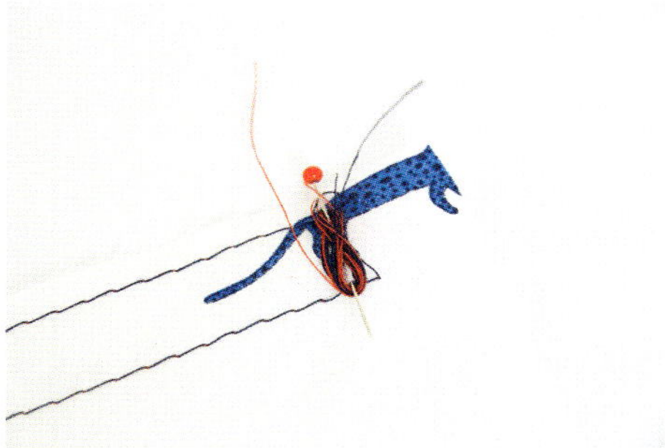

12

Enroulez les 4 fils d'un côté autour d'une épingle piquée à 1,5 cm du bord pour bloquer les fronces.

13

Prenez les 2 fils de canette de l'autre extrémité et tirez délicatement. Faites avancer les fronces le long du tissu.

14

Froncez le tissu pour qu'il soit de la même taille que la ceinture devant.

15

Bloquez avec une épingle les 4 fils restants. Les fronces ne pourront plus s'échapper. Répartissez les fronces de manière régulière et repassez pour bien les fixer.

16

Positionnez endroit contre endroit la ceinture devant et le panneau devant. Alignez les côtés et les repères centraux, épinglez tous les 4-5 cm.

17

Cousez à 1 cm du bord. Enlevez les fils de fronces. Réitérez les étapes 8 à 16 avec la ceinture et le panneau dos.

18

Positionnez les 2 jupes, **envers contre envers** et épinglez le long des 2 côtés.

19

Couchez les coutures vers le haut, côté ceinture. Alignez les coutures de côté. Réalisez une couture anglaise sur les 2 côtés (voir les étapes 1 à 5).

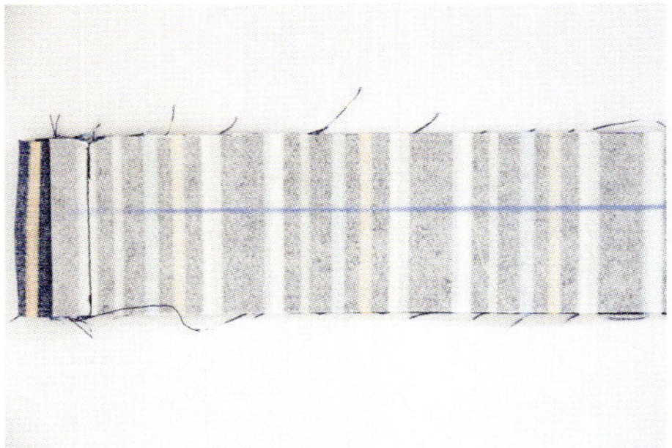

20

Tracez une ligne à 2 cm en bas des ceintures en doublure. Assemblez le dos et le devant en cousant à **1,5 cm** du bord.

21

Positionnez la ceinture en doublure sur celle en tissu extérieur, endroit contre endroit, dos contre dos, devant contre devant.

22

Alignez les coutures de côté et épinglez. Cousez le tour à 1 cm du bord.

23

Réalisez une sous-piqûre. Pour cela, dépliez la ceinture en doublure et couchez la marge de couture dessus. Cousez à 3 mm sur la marge de couture et la doublure de la ceinture. La sous-piqûre va permettre à la doublure de se positionner parfaitement sans essayer de remonter.

24

La sous-piqûre ajoute une couture visible sur la doublure de la ceinture uniquement.

25

Faites un repli d'1 cm le long de la ceinture en doublure (il suffit de replier le bord du tissu sur la ligne tracée à l'étape 20).

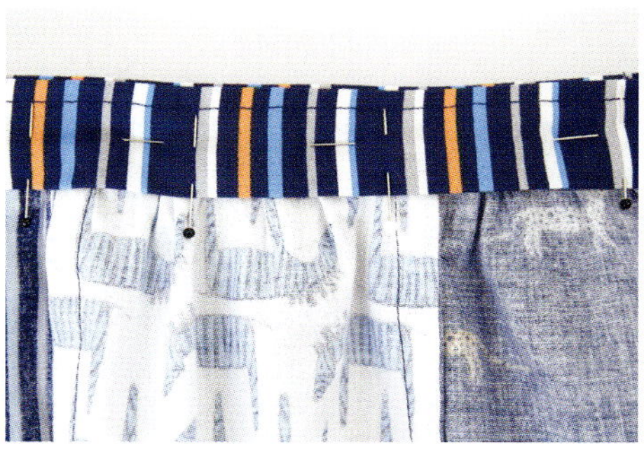

26

Rabattez la ceinture doublure vers l'intérieur de la jupe. Elle doit recouvrir la couture d'1 mm. Épinglez soigneusement.

27

Épinglez désormais côté tissu extérieur et ôtez les épingles posées à l'étape précédente.

28 ▲

Surpiquez la ceinture dos uniquement à 1 mm du bord. La doublure de la ceinture devant n'est pas encore cousue.

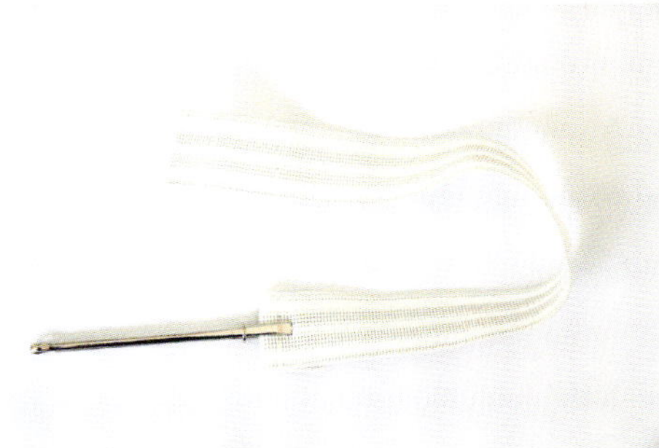

29 ▲

Préparez l'élastique.

30 ▲

Glissez l'élastique au cœur de la ceinture dos à l'aide d'une épingle à nourrice ou d'un enfile lacet. Si vous avez votre petit modèle sous la main, faites un essayage de la jupe pour ajuster au mieux l'élastique.

31 ▲

Faites dépasser l'élastique de 1 cm dans la ceinture devant. Épinglez.

32 ▲

Cousez au cœur de la couture d'assemblage des ceintures dos et devant pour une couture invisible. N'hésitez pas à faire des allers-retours pour bien maintenir l'élastique en place.

33 ▲

Au niveau de l'ourlet, tracez 2 lignes au dos du tissu : la première à 3 cm du bord, la seconde à 4.5 cm du bord.

34 ▲

Pliez le tissu sur la première ligne, épinglez et repassez au fer. Repliez de nouveau le tout sur la 2e ligne. Nous obtenons un double repli de 1,5 cm.

35 ▲

Cousez à 1 mm du bord.

36 ▲

Voici le résultat au niveau de l'ourlet. Finissez la jupe en cousant la doublure de la ceinture devant à la main (voir page 19).

YVONNE *la robe tablier*

Yvonne est une robe tablier rétro avec des bretelles croisées dans le dos. À porter été comme hiver avec un tee-shirt, elle s'adaptera à toutes vos envies. Basée sur la jupe Lucienne, elle peut se réaliser version patchwork ou plus simple dans un seul tissu.

TAILLES PROPOSÉES :

DIFFICULTÉ : 3/5

Voici le tableau de mensurations pour choisir au mieux la taille.

	2 ans	3 ans	4 ans	5 ans	6 ans	7 ans	8 ans	9 ans	10 ans	12 ans
Stature (en cm)	86,0	98,0	104,0	110,0	116,0	122,0	128,0	134,0	140,0	152,0
Tour de taille	50,0	52,0	53,0	54,0	55,0	55,5	56,5	57,5	58,0	60,0

Fournitures :

- Référez-vous aux fournitures de la jupe Lucienne page 158 et **ajoutez les métrages** suivant :

Taille	**2 ans**	**3 ans**	**4 ans**	**5 ans**	**6 ans**	**7 ans**	**8 ans**	**9 ans**	**10 ans**	**12 ans**
Bavette et bretelles	**40**	**40**	**40**	**40**	**40**	**45**	**45**	**45**	**45**	**45**
Doublure Bavette	**25**	**25**	**25**	**25**	**30**	**30**	**30**	**30**	**30**	**30**

PATRON :

Découpez toutes les pièces de la jupe Lucienne dans la taille souhaitée (marche à suivre à la page 158).

- La bavette de la robe Yvonne se trouve sur la page patron. La pièce est une demi-bavette qui doit être coupée sur le tissu plié en deux afin d'obtenir une bavette complète.
- Dimensions des bretelles à couper **2 fois** :

Bretelles (à couper 2 fois)	2 ans	3 ans	4 ans	5 ans	6 ans	7 ans	8 ans	9 ans	10 ans	12 ans
Hauteur	12	12	12	12	12	12	12	12	14	14
Largeur	43,5	44	44,5	45	45,5	46	46,5	47	47,5	48,5

Informations de montage :

Bretelles (à couper 2 fois)	2 ans	3 ans	4 ans	5 ans	6 ans	7 ans	8 ans	9 ans	10 ans	12 ans
Position des 2 pressions à partir des côtés de la ceinture dos (étape 16)	9,5	10	10,5	11	11,5	12	12,5	13	13,5	14,5

MARCHE À SUIVRE

1

Réalisez les étapes 1 à 19 de la jupe Lucienne (pages 160 à 162). Pour faciliter l'étape 12, marquez le milieu de la ceinture devant en tissu extérieur.

2

Prenez la bande constituant une bretelle, faites un repli d'1 cm à une extrémité et marquez au fer.

3

Pliez la bretelle en deux envers contre envers, marquez le pli au fer et repliez chaque extrémité vers le centre

4

Repliez de nouveau la ceinture en deux. Surpiquez le bord de la bretelle à 2 mm du bord. Répétez les étapes 2 à 4 avec la seconde bretelle.

5

Marquez le milieu du bas de la bavette en tissu extérieur pour faciliter l'étape 12. Placez les bretelles sur le haut de la bavette, endroit contre endroit, à 1 cm du bord. Épinglez.

6

Les bretelles se trouvent exactement à 1 cm du bord. Surpiquez les bretelles à 0.5 cm pour les maintenir en place sur le tablier.

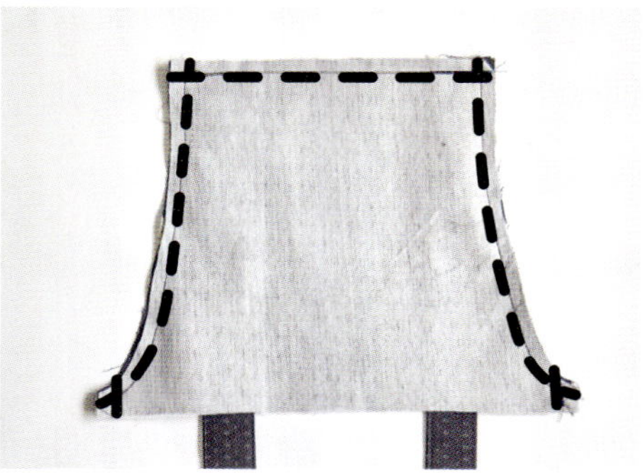

7

Superposez le tablier en doublure, endroit contre endroit. Les bretelles sont prises en sandwich entre les 2 pièces de tissu. Cousez tout le tour à 1 cm du bord. Au niveau des bretelles, faites 2-3 allers-retours pour solidifier la couture.

8

Dégarnissez les 2 angles.

9

Crantez les arrondis pour avoir une forme bien nette une fois retournée.

10

Retournez le tout par le bas du tablier et repassez soigneusement.

11

Surpiquez les 3 côtés de la bavette à 2 mm du bord. N'oubliez pas d'allonger le point pour avoir une jolie surpiqûre.

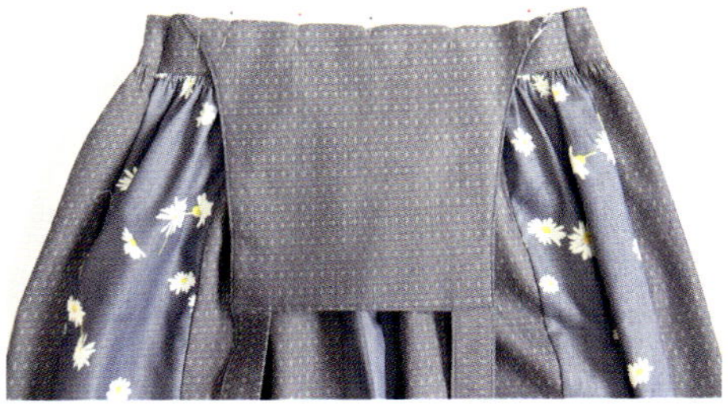

12

Placez la bavette sur la ceinture avant de la jupe, endroit contre endroit. Alignez les repères de milieu des pièces.

13

Épinglez soigneusement du milieu de la bavette vers les extrémités. Elle doit être centrée sur la ceinture devant. Cousez à 0,5 cm pour maintenir la bavette en place.

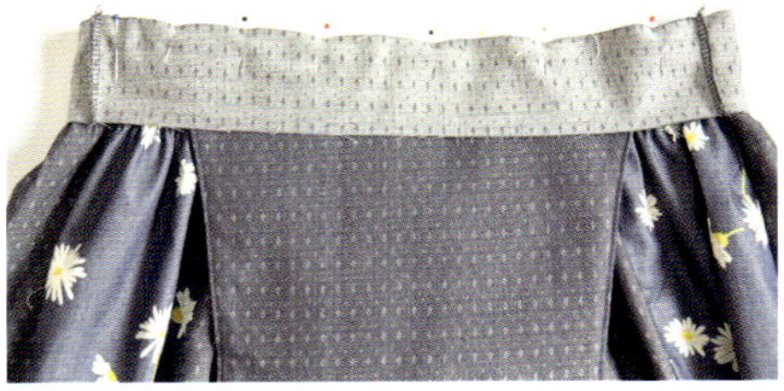

14

Assemblez la ceinture en doublure (étape 20 de la page 162) et superposez-la à la ceinture en tissu extérieur. Les ceintures sont endroit contre endroit et le tablier est pris en sandwich. Alignez les coutures de côté. Épinglez.

15

Réalisez les étapes 23 et 24 de la jupe Lucienne (page 162) à savoir la sous-piqûre.

16

Placez 2 pressions sur la doublure de la ceinture dos comme indiqué dans le tableau page 166. Renforcez les pressions par une chute de tissu ou un morceau de feutrine au dos. Rabattez la ceinture doublure vers l'intérieur de la jupe et suivez les étapes 25 à 36 des pages 162 à 163.

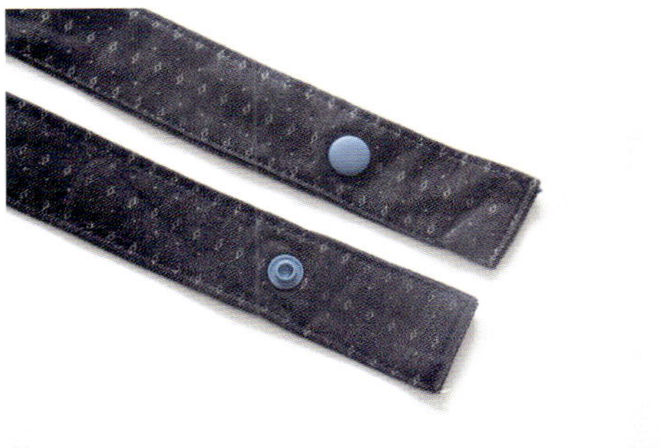

17

Finalisez la jupe par la pose des pressions sur les bretelles (le mieux étant de faire un essayage sur le petit mannequin pour un ajustement parfait sinon placez 1 pression à 1 cm puis une seconde à 2,5 cm du bord pour rendre les bretelles ajustables).

MARCEL
le pochon

LE PATCHWORK : CRAZY PATCH

Le crazy patch ou «patchwork fou» en français est la seule technique de patchwork qui ne nécessite aucune découpe de tissu préalable. Cool non? Il s'agit de l'assemblage aléatoire de morceaux de tissus de formes disparates.
Je vous présente cette technique dans le cadre de la couture d'un pochon mais vous pouvez l'utiliser pour réaliser le top d'un plaid, d'un sac... C'est une technique très agréable à pratiquer qui vous permettra d'annihiler les chutes de tissus qui s'amoncèlent.

Fournitures :

- Des chutes de cotonnade type popeline, cretonne ou encore du jersey pour le patchwork
- De la cotonnade type popeline, chambray, lin, coton enduit pour la doublure
- Un ruban ou cordon
- Du fil assorti

DIFFICULTÉ : 2/5

PATRON :

Je vous propose plusieurs dimensions en fonction de l'usage que vous ferez du pochon ainsi que les calculs pour faire votre pochon sur-mesure

Les marges de couture sont comprises et sont de 1 cm.

En cm	**Face** (hauteur x largeur) à couper 4 fois	**Cordon** à couper 2 fois
Pochon passe-partout	40 x 35	90
Pochon pour linge sale	70 x 50	120
Pochon pour bijoux	12 x 10	30
Pochon à billes	20 x 15	50
Pochon sur mesure	hauteur x largeur	(largeur x 2) + 20

Astuce

La surjeteuse est une alliée de choc dans la réalisation d'un crazy patch car elle assemble et coupe directement et en un seul passage les tissus.

MARCHE À SUIVRE

Les marges de couture sont comprises et sont de 1 cm.

LE PATCHWORK CRAZY PATCH

1

Prenez 2 pièces de tissu, elles peuvent être de taille et forme différente.

2

Positionnez-les endroit contre endroit et épinglez. Si les pièces ne sont pas droites, tracez une ligne à l'aide d'une règle. Il est important de coudre en ligne droite sinon vos coutures vont gondoler.

3

Retournez et ouvrez la couture au fer à repasser.

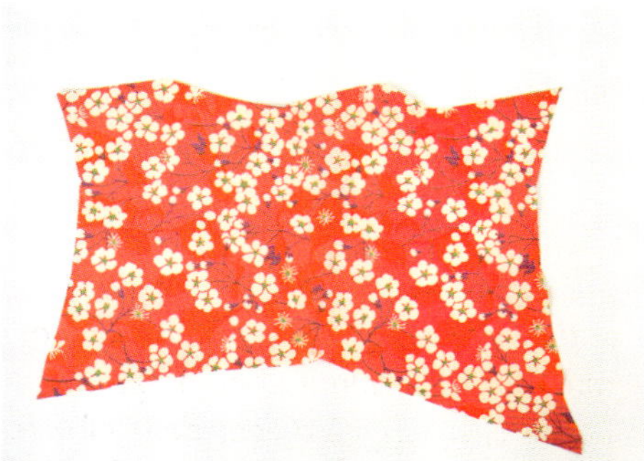

4

Prenez un 3e morceau de tissu. Comme vous le voyez, il n'est pas nécessaire que ce morceau ait un côté droit.

5

Placez-le endroit contre endroit avec l'assemblage. Épinglez et tracez une ligne à la règle qui servira de guide (avec l'expérience, vous arriverez à le faire sans).

6

Cousez le long de la ligne.

7

Coupez le surplus de tissu en laissant environ 1 cm entre le bord brut et la couture.

8

Reproduisez les étapes précédentes avec d'autres morceaux de tissu.

9

Toutes les coutures doivent être ouvertes au fer à repasser au fur et à mesure.

10

Arrêtez l'assemblage quand le patchwork est suffisamment grand pour votre projet.

11

La surjeteuse est un outil de choix pour le crazy patch car elle coud et coupe en même temps.

12

Plaquez les coutures de la surjeteuse à l'aide du fer à repasser

13

Coupez la forme désirée dans le crazy patch.

14

Coupez vos 4 pièces de tissu. 2 dans les patchworks, 2 dans la doublure.

15

Positionnez les 2 faces en patchwork endroit contre endroit et épinglez. Faites de même avec les 2 pièces de doublure. Cousez le long des 3 côtés. Pour la doublure, laissez une ouverture d'environ 8 cm sur l'un des côtés.

16

Dégarnissez les angles.

17

Retournez la doublure et tracez une ligne à 5 cm du haut sur chaque face

18

Placez les pochons l'un dans l'autre, endroit contre endroit. Épinglez en superposant les coutures de côté ouvertes l'une sur l'autre.

19

Libérez le bras libre de la machine si elle le permet.

20

Cousez le long du bord à 1 cm.

21

Voici le résultat à cette étape.

22

Retournez le tout par l'ouverture laissée à l'étape 15.

23

Résultat à cette étape.

24

Glissez la doublure dans le pochon et épinglez correctement les tissus sur le haut du pochon.

25

Pour fabriquer la coulisse, cousez le long de la ligne repère de l'étape 17. Faites un aller-retour au niveau des coutures de côté du pochon. Cousez une seconde ligne à une distance supérieure à la largeur du cordon ou ruban. Ne perdez pas de vue qu'il va falloir qu'une épingle à nourrice ou un passe-lacet arrive à se glisser dans la coulisse. Si mon ruban fait 2 cm de large, je vais coudre une coulisse d'au moins 2,5 cm.

26

Délicatement, ouvrez la couture au niveau des côtés du pochon entre les 2 lignes de couture de la coulisse pour pouvoir y faire passer le ruban ou cordon à l'aide d'un découd-vite.

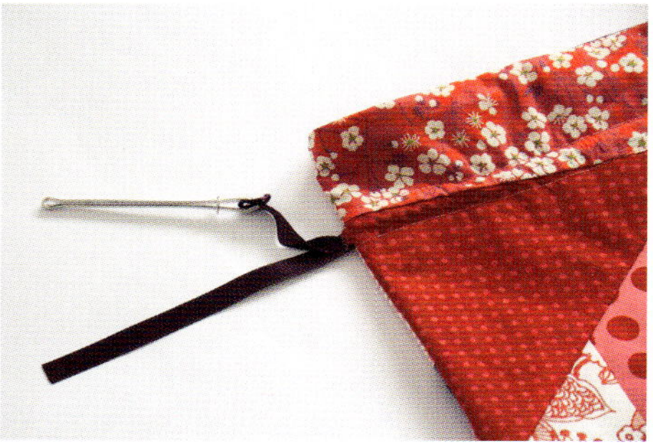

27

À l'aide d'une épingle à nourrice ou d'un passe-lacet, glissez le ruban dans l'une des ouvertures.

28▲

Faites de même avec l'autre côté et nouez les extrémités.

29▲

Le pochon est terminé

FOURNISSEURS

Lulu La Luciole est un lieu de perdition qui propose constamment des nouveautés aussi belles les unes que les autres. Vous y trouverez des pépites rares et découvrirez des marques encore inconnues. Marie, sa gérante, n'a de cesse de dénicher des tissus originaux et de qualité. À vous coton, jersey, matelassé, viscose, double gaze, caban, mercerie, boutons, fils ou encore patrons.

Allez y jeter un œil et préparez-vous à rêver : https://lululaluciole.com

Stragier est une boutique de tissus Belge ayant pignon sur rue et un site internet d'e-commerce de grande envergure. Vous trouverez de tout: coton, doublure, stretch, tissus nobles et de luxe, fausse fourrure, mercerie...
Il est impossible de parler de Stragier sans aborder le Liberty of London. Véritable référence dans le domaine, Stragier propose le plus grand choix de Liberty possible. Les Liberty classiques côtoient les exclusivités, enduits, métallisés, velours, jersey, soie et pure laine. Au total, plus de 1100 références.
Le site met en avant-première chaque semaine des tissus à prix réduits et le « Liberty de la semaine ». De quoi avoir envie de fureter des heures durant.

En route vers la caverne aux merveilles : https://www.stragier.com

Boutique fétiche de Rennes, Ecolaines est un repère dans lequel j'aime flâner depuis des années. Vous y trouverez des tissus, de la mercerie, des machines à coudre, surjeteuse et brodeuse, de la mercerie, tout pour le tricot, crochet, broderie... Elle propose aussi d'entretenir votre machine ou des cours et ateliers divers et variées. Amis bretons, n'hésitez pas à aller y faire un tour et pour les autres, leur site internet devrait vous ravir : https://www.ecolaines.com

PSRQuilt est une entreprise familiale française spécialisée dans le molleton pour patchwork. Cette marque propose un grand choix de qualité : fibres naturelles (laine, coton, bambou, soie) ou synthétiques pour la réalisation de tous vos ouvrages quiltés ou molletonnés.
Je vous en parle régulièrement dans le livre, je n'ai jamais travaillé de molletons de si belle facture. Vous pouvez découvrir leur gamme sur leur site internet http://www.psrquilt.com et vous retrouverez leur produit dans toutes les bonnes merceries.

Cette boutique internet spécialisée dans la machine de découpe m'a permis de découvrir la Scan'n cut de Brother, petit condensé de technologie à l'utilisation aussi intuitive que rapide. Pour les amoureux de la personnalisation ou des loisirs créatifs en général, la machine de découpe est l'outil idéal. Conçue, entre autre, pour la découpe des tissus, elle est un outil très utile pour la phase de conception des blocs avec une précision chirurgicale. Allez faire un tour sur la boutique de la marque https://www.creativ-decoupe.com/ pour découvrir leur vaste sélection de produits, bénéficier de leurs conseils et des promotions régulières.

REMERCIEMENTS

Mon premier livre n'était pas encore sorti quand Edwige Foissac (la Petite Cabane de Mavada si vous ne la connaissez pas) m'a demandé si j'étais intéressée par l'écriture d'un second ouvrage consacré au patchwork. Après un petit moment de réflexion (1 minute pour être précise) j'ai accepté. Merci encore Edwige pour avoir renouvelé ta confiance pour la rédaction d'un livre sur un sujet qui te tient tellement à cœur.

À mon mari chéri, soutien de premier ordre, coach dans les doutes, dont l'intérêt pour mon activité créatrice ne cesse de croitre et aussi étonnant que cela puisse paraitre, n'est pas feinte.
Merci Cléo et Malo, mes grands de 6 ans, mes modèles préférés qui ont contribué à la réalisation de ce nouveau livre et qui me donnent envie de coudre pour eux, encore et toujours. Je sais que cela ne durera sans doute pas alors j'en profite.

À mes amies d'enfance, Aurélie et Audrey, toujours là malgré les (longues) années et la (grande) distance. Merci de vous intéresser de si près à ma vie créatrice et à ma vie tout court.
Marie, merci d'avoir, de nouveau, été là pour la seconde aventure, ton avis est toujours bon et m'a aidé à léver de nombreux doutes.
Merci à Amandine, Céline et Angélique pour vos prises de nouvelles régulières, votre intéressement pour mes activités et vos conseils.
Un petit coucou à Maël qui s'est prêté comme un chef à l'exercice du shooting photo et sa maman Laurie d'avoir fait le déplacement et accepté de prendre la pose.

Merci à ma belle-mère Elisabeth d'avoir pris, une nouvelle fois, le temps de relire chaque mot de ce livre. Croyez-moi, ce n'est pas une mince affaire !

Merci à l'équipe Creapassions, mon éditeur (Emmanuelle, Didier, Luc, Erik, Camille, Xavier...), pour avoir tenté une seconde aventure à mes côtés sans savoir si la première plairait.

Petit coucou à Alexandra qui m'a créé un logo qui me ressemble tant.

Enfin merci à toutes les personnes, de plus en plus nombreuses, qui me suivent via mon blog ou les réseaux sociaux. Tout ça c'est grâce à vous !

Merci !

LAISSE
LUCIE
FER